NOVAS DIMENSÕES DA RECUSA

Blucher

NOVAS DIMENSÕES DA RECUSA

Organizadora

Vanessa Chreim

Novas dimensões da Recusa

Publisher Edgard Blücher
Editor Eduardo Blücher
Coordenador editorial Rafael Fulanetti
Coordenadora de produção Ana Cristina Garcia
Produção editorial Andressa Lira
Preparação de texto Bárbara Waida
Diagramação Lira Editorial
Revisão de texto Ariana Corrêa
Capa Departamento de produção
Imagem da capa iStockphoto

Blucher

Rua Pedroso Alvarenga, 1245, 4º andar
04531-934 – São Paulo – SP – Brasil
Tel.: 55 11 3078-5366
contato@blucher.com.br
www.blucher.com.br

Segundo o Novo Acordo Ortográfico, conforme 6. ed. do *Vocabulário Ortográfico da Língua Portuguesa*, Academia Brasileira de Letras, julho de 2021.

Dados Internacionais de Catalogação na Publicação (CIP)
Heytor Diniz Teixeira, CRB-8/10570

Novas dimensões da recusa / organizadora Vanessa Chreim. – São Paulo : Blucher, 2025.

218 p.

Bibliografia
ISBN 978-85-212-2659-8 (Impresso)
ISBN 978-85-212-2660-4 (Eletrônico – Epub)
ISBN 978-85-212-2657-4 (Eletrônico – PDF)

1. Psicanálise. 2. Clínica psicanalítica. 3. Sofrimento psíquico. 4. Recusa (Psicologia). I. Título. II. Chreim, Vanessa.

CDD 159.964.2

Índice para catálogo sistemático:
1. Psicanálise

Quem come do fruto do conhecimento é
sempre expulso de algum paraíso.
Frase atribuída a Melanie Klein

Pensa-se nos frutos que ficam maduros
e saborosos depressa demais,
quando o bico de um pássaro os fere, e na
maturidade apressada de um fruto bichado.
Sándor Ferenczi, 1933, p. 119

Agradecimentos

Em primeiro lugar, gostaria de agradecer a todos os autores deste livro, que abraçaram meu interesse pelo tema da Recusa e o tornaram parte de suas próprias reflexões teóricas e clínicas.

Faço um agradecimento especial a Elisa Maria de Ulhôa Cintra e a Luís Claudio Figueiredo, por sua generosidade e disponibilidade, por suas aulas e orientações, que foram berço para as ideias deste livro. Agradeço igualmente aos colegas da Pontifícia Universidade Católica de São Paulo (PUC-SP), que se tornaram preciosos amigos com quem tenho o privilégio de caminhar em nossos percursos de escrita e pesquisa. Agradeço a Bernardo Tanis, pela generosidade de sua escuta inestimável há tantos anos. Também sou grata a Elias Mallet de Rocha Barros por acolher com entusiasmo o desvelamento das dimensões da Recusa. Agradeço aos meus pacientes, supervisionandos e alunos, que me inspiram diariamente.

Gostaria de agradecer também aos membros do Laboratório Interinstitucional de Estudos da Intersubjetividade e Psicanálise Contemporânea (LiPSiC) e a suas coordenadoras, Elisa Maria de Ulhôa Cintra e Marina F. R. Ribeiro, pelo espaço de inovação e construção, regado de trocas afetivas valiosas. E também ao Grupo Brasileiro de Pesquisas Sándor Ferenczi (GBPSF) pelas oportunidades de interlocução sobre a obra do "*enfant terrible*", que se faz muito presente nas reflexões deste livro.

Agradeço à Editora Blucher, por apostar na realização de mais um livro sobre a Recusa, sobretudo a Eduardo Blucher e Rafael Fulanetti. Faço um agradecimento especial a Áurea Rampazzo, cujo olhar paciente e encantado me ajudou na preparação deste livro e, portanto, foi nossa primeira leitora.

Também agradeço ao Programa de Pós-Graduação em Psicologia Clínica da PUC-SP, que fomenta e dá suporte para nossas produções, e ao Conselho Nacional de Desenvolvimento Científico e Tecnológico (CNPq) e à Coordenação de Aperfeiçoamento de Pessoal de Nível Superior (CAPES), pelo financiamento de minhas pesquisas de mestrado e doutorado, respectivamente, das quais este livro deriva parcialmente.

Finalmente, agradeço a meus pais, irmãos, sobrinhos e tantas outras pessoas queridas que alegram o meu viver e dão fôlego ao meu desejo de escrever. Entre elas, Bruno Gueldini, Priscila Dal Molin Carvalho, Aline Choueke Turnowski e Celina Diaféria.

É de todos esses encontros que brotou este livro.

Apresentação: ainda sobre a Recusa?

Vanessa Chreim

Sim, ainda sobre a Recusa, mas desta vez não sou só eu falando sobre o tema. A potência de um conceito é o fato de que ele não deixa de suscitar inquietações e, agora, estou acompanhada por outros autores que, ao longo de suas pesquisas e suas indagações sobre a clínica e a cultura, identificaram no conceito de Recusa uma importante contribuição. Felizmente, o número de "recusólogos" cresceu, o que é extremamente estimulante. De certa forma, todos os autores que convidei para compor este livro acompanham esta afirmação de Freud, apoiando-se no conceito de Recusa para pensar diferentes formações e deformações do Eu: "Não se deve crer que o fetichismo represente um caso excepcional no tocante à cisão do Eu, ele é apenas um objeto de estudo particularmente propício nesse caso" (Freud, 1940[1938]/2018, p. 268).

Este é o método que utilizei para identificar as diversas dimensões da Recusa: a partir do estudo do fetichismo, elenquei as principais características desse processo de defesa. São elas: a atitude dupla perante uma situação traumática, em que há as simultâneas admissão e não admissão da realidade psíquica; a cisão do Eu decorrente desse processo de defesa; a regressão e a fixação numa representação pré-traumática; a perturbação do processo perceptivo, das funções de representação e de simbolização; a suspensão do teste de realidade.

Vou confessar que fiquei na dúvida sobre o título: afinal, são novas ou outras dimensões da Recusa? Considerando que neste livro fizemos articulações entre as dimensões exploradas no primeiro e acrescentamos aportes de outros grandes autores da psicanálise, achei justo afirmar que estamos criando algo novo. Além das teorias de Sigmund Freud, o leitor encontrará uma forte influência do pensamento de Sándor Ferenczi e de Melanie Klein, numa busca por explorar a sobreposição dos aspectos intrapsíquicos e intersubjetivos da Recusa. São novas formas de compreender a Recusa, o que permite desenvolver um pensamento clínico mais complexo para a escuta desse fenômeno e do sofrimento psíquico envolvido.

A Recusa não é um conceito novo na psicanálise, mas é um conceito que precisava de renovação. Se no começo da obra de Freud tratava-se de uma defesa contra a angústia de castração, no final já envolve a relação do sujeito com a realidade. Portanto, é preciso procurar o que se preserva na evolução do tema na obra de Freud, dos pós-freudianos e dos psicanalistas contemporâneos. É assim que a Recusa pode se tornar um conceito vivo, sem perder a consistência.

Se por anos alguns analistas consideravam que a Recusa se restringia a casos de perversão, essa noção já ficou ultrapassada: neste livro nos aprofundaremos nas formas como esse mecanismo de defesa atua nas vítimas de violência, como proteção ante o impacto traumático, mas podendo levar à formação daquilo que chamo de "cativeiros psíquicos". Trata-se de organizações defensivas em que a cronificação da Recusa leva a um aprisionamento do psiquismo, fazendo com que a armadura se torne uma armadilha. O que nos inquieta é a perpetuação da violência em nível individual e coletivo, como no ressentimento, na vingança e na indiferença quanto ao sofrimento do outro.

A Recusa é um mecanismo de defesa que usamos sobretudo quando estamos diante de situações traumáticas e de angústia extrema, pois nos permite um distanciamento da realidade emocional, para aguentarmos atravessar o momento de dor. Assim como um curto-circuito protege um aparelho de queimar os fusíveis, a Recusa é uma defesa que reduz temporariamente as tensões no psiquismo, como um anestésico. Como toda defesa, ela é necessária, indispensável, mas, quando a anestesia passa, a dor nos invade com intensidade, contando-nos que, enquanto estivemos desacordados, nosso corpo passou por uma violência, tem feridas e precisa de cuidados para não necrosar.

Por que Ferenczi? Por que Klein?

Ferenczi se debruçou sobre os efeitos do trauma no psiquismo, abordando extensamente o tema da clivagem e outros mecanismos de defesa, nos quais identificamos dimensões da Recusa, ou seja, um radical afastamento da realidade psíquica, como nos estados de transe. Além disso, o autor contribui enormemente para pensarmos nas questões éticas e técnicas envolvendo pacientes traumatizados: os conceitos de identificação com o agressor e de desmentido revelam de que forma as defesas continuam ativas na relação analítica e podem perturbar o processo. Se não tivermos essas dimensões da Recusa em mente, pouco poderemos fazer pelo paciente, pois, como nos ensinou Ferenczi, há muitas formas de resistência silenciosa. Não é fácil soltar a língua de uma vítima de violência, que teve de sufocar a sua dor, que teve sua voz desautorizada, que duvida de suas próprias percepções e se sente responsável pela experiência terrível que viveu.

Sobretudo o sentimento de culpa da vítima de violência se torna uma importante fonte de reflexão sobre as intervenções do analista: é necessário desenvolver uma clínica do testemunho que não se furte ao trabalho interpretativo sobre sexualidade e agressividade. É aí que começamos a convocar Melanie Klein como teórica que nos ajuda a pensar sobre a dimensão da fantasia, que está sempre presente na forma como cada sujeito interpreta as experiências que viveu, recordando-nos de que um incidente é traumático não apenas pela objetividade de um fato ocorrido, mas sobretudo pelo significado afetivo de tal vivência. Aliar o pensamento ferencziano com o kleiniano nos ajuda a pensar sobre os processos de simbolização e de introjeção e suas perturbações (como a incorporação), o que nos permitirá compreender que os efeitos do trauma podem perpetuar outras formas de violência do sujeito consigo mesmo e com os outros. Articular as contribuições desses autores é escutar a relação do sujeito com seus objetos internos e pensar de que forma a análise pode caminhar na direção de reaproximar o paciente de sua realidade psíquica.

Isso nos traz questões técnicas fundamentais: o enquadre analítico é uma atmosfera altamente alergênica, pois convidamos todos os fantasmas a aparecerem. Entrar em contato com o que foi alvo da Recusa traz muito sofrimento, mas é preciso chorar o que nunca pôde ser sentido. A transferência leva à reprodução e à atualização da cena traumática no vínculo com o analista: por um lado, isso dá chance para representação e elaboração do registro traumático que foi alvo da Recusa, mas também envolve o risco de uma retraumatização. Por isso, em todos os capítulos deste livro, nota-se a inquietação com a delicadeza do manejo clínico face às dimensões da Recusa: confrontar o paciente diretamente não desfaz a ação dessa defesa, pelo contrário, pode produzir um desmentido ao deslegitimar violentamente a realidade psíquica do paciente. Por isso é fundamental considerar a especificidade da Recusa como mecanismo de defesa.

Como ler este segundo livro?

Os capítulos deste livro são independentes: ele não precisa ser lido do início ao fim para ser compreendido, embora haja uma sequência temática que o organiza. Começamos pelo polo freudiano e ferencziano e terminamos no polo kleiniano, atravessando um campo de fenômenos em que as dimensões da Recusa se sobrepõem, exercitando uma escuta polifônica e poliglota. Para quem não leu o primeiro livro,

Dimensões da Recusa (Chreim, 2021), há dois capítulos em que o leitor pode se aprofundar nas bases freudianas do conceito: "A *Verleugnung* em Freud e em Ferenczi" e "A Recusa e as crenças: a dimensão narcísica da não admissão da castração".

Neste livro, exploraremos dimensões clínicas, culturais e sociais da Recusa, bem como aspectos saudáveis e patológicos. Abordaremos temas como trauma, silenciamento, desmentido, crueldade, ressentimento, melancolia, culpa, defesa maníaca, crenças, narcisismo, identificação com o agressor, dinâmicas familiares patogênicas, violência de gênero, e outros.

Entre casos clínicos, filmes e situações sociais, pretendemos oferecer diversas ilustrações que revelam que a Recusa é um fenômeno muito mais frequente do que se supunha. Por meio desses exemplos, o leitor que não é psicanalista também poderá mergulhar no universo de escuta e sensibilização a essas novas dimensões da Recusa.

Verleugnung, *suas traduções e suas traições*

As múltiplas traduções do termo alemão *Verleugnung* para o português contribuíram para a confusão e a imprecisão em torno do tema: recusa, denegação, negação, renegação, rejeição, desmentido, desautorização, entre outros. Em cada tradução há uma traição ao sentido original, mas cada opção dá ênfase a uma das diversas dimensões desse mecanismo de defesa, revelando a riqueza de um conceito que ainda é muito enigmático entre os psicanalistas: quase ninguém sabe o nome, o que é e para que serve.

Optei pela tradução do termo *Verleugnung* como Recusa por alguns motivos, entre os quais alguns critérios de exclusão. No Brasil, os termos mais correntes são "negação", "desmentido" e "recusa". Em primeiro lugar, destaco que há uma enorme confusão entre o termo "negação" e o conceito de *Verleugnung* que precisa ser desfeita, pois leva a uma imprecisão que contribui para que o tema fique à sombra.

O conceito de Recusa (*Verleugnung*) se opõe clinicamente ao fenômeno denominado "negação" (*Verneinung*), pois este último revela o funcionamento da função de julgamento (Freud, 1925/2014), enquanto o primeiro envolve a sua perturbação.

Assim, descartei também o uso dos termos "denegação" e "renegação". Conceitualmente eles são muito precisos, pois enfatizam essa oposição entre *Verleugnung* e *Verneinung*, colaborando para diferenciar Recusa e Negação. Mas, no Brasil, "denegação" e "renegação" são termos pouco usados e implicam um conhecimento ainda mais aprofundado sobre esse conceito que pretendemos desmistificar. Além disso, por derivarem do termo "negação", alimentam o mal-entendido abordado anteriormente.

O termo "rejeição" também não me pareceu adequado como tradução para *Verleugnung*, primeiro porque remete a uma noção de impermeabilidade absoluta, o que não é o caso da *Verleugnung*, que se caracteriza pelas simultâneas admissão e não admissão da realidade psíquica. Além disso, o termo "rejeição" tem sido muito usado na literatura para se referir ao processo radical de defesa típico da psicose e o descolamento da realidade compartilhada e da realidade externa, que se manifesta mais claramente no delírio e na alucinação; todavia, no caso da *Verleugnung*, constatamos que há diversos graus de afastamento da realidade, inclusive em seus aspectos saudáveis.

Por sua vez, o termo "desmentido" faz referência a um conceito de Ferenczi (1931/1992) que apresenta uma particularidade: veremos no primeiro capítulo que o desmentido não é um processo de defesa, e sim um ato de violência. A questão é que o desmentido produz uma das dimensões da Recusa na vítima, mas em um contexto específico de um trauma intersubjetivo. Prefiro reservar para a obra de Ferenczi o termo "desmentido", que tem uma importância e uma potência clínica próprias da contribuição desse autor.

Por isso, optei por traduzir *Verleugnung* como Recusa, e com letra maiúscula, para enfatizar que o termo comporta um estatuto conceitual, e não apenas um substantivo corriqueiro usado no cotidiano em diferentes contextos. Inspirei-me no movimento de Freud, que, no final de sua obra, começou a escrever *Die Verleugnung*, "a Recusa".

Boa leitura!

Referências

Chreim, V. (2021). *Dimensões da Recusa*. Blucher.

Ferenczi, S. (1992). Análise de crianças com adultos. In S. Ferenczi, *Psicanálise IV*. Martins Fontes. (Texto original publicado em 1931)

Freud, S. (2014). A negação. In S. Freud, *Obras Completas* (Vol. XVI). Companhia das Letras. (Texto original publicado em 1925)

Freud, S. (2018). Compêndio de psicanálise. In S. Freud, *Obras Completas* (Vol. XIX). Companhia das Letras. (Texto original publicado em 1940[1938])

Conteúdo

Prefácio

Este livro nasce, em um primeiro momento, da prolongada reflexão clínica e teórica de sua organizadora, Vanessa Chreim, que acompanhei de perto ao orientar seu mestrado no Programa de Pós-Graduação em Psicologia Clínica da Pontifícia Universidade Católica de São Paulo (PUC-SP). Seu trabalho foi publicado em 2021 pela editora Blucher sob o título *Dimensões da Recusa*.

Neste momento, além de sua incansável atividade de pesquisa, Vanessa reuniu colegas que estão escrevendo mestrados e doutorados na PUC-SP e resolveu convidá-los a explorar as *Novas dimensões da Recusa*.

Foi para mim um renovado prazer acompanhar de tão perto a elaboração dos dez capítulos deste livro, participando deles de forma direta ou permanecendo do lado de fora, olhando com admiração a qualidade de elaboração das ideias e a precisão poética de cada texto. Tudo em seu devido lugar e levando-nos ao campo *distópico* e estranho do trauma com seus labirintos e suas repetições sem saída. Pois o trauma está em todos os lugares e em lugar nenhum: escondido ameaçadoramente no oceano como Moby Dick e de repente irrompendo imenso, diante de nós, à nossa revelia e sem nenhuma consideração.

Mas o que a Recusa tem a ver com o trauma? É isso que os leitores descobrirão, em maior detalhe, por meio de vinhetas clínicas e análises de filmes, que fazem parte do livro. Quando as pessoas têm que se confrontar com a terrível realidade de perdas, traumas e dores indizíveis, lançam mão de estratégias defensivas radicais, como é o caso da Recusa. É uma tentativa de apagar e não entrar em contato com o que é indizível e impensável.

O traumático é o lugar dos excessos, do excedente, daquilo que é sem medida. O excesso de sexualidade abusiva e geradora de confusão e ruídos: os desencontros entre a linguagem da paixão e a linguagem da ternura. É o lugar da violência, como no racismo, no feminicídio e na cultura do estupro, nas práticas políticas abusivas, e em diversas outras formas de exclusão e inclusão que nos levam, por vezes, a hiperidentificações mortíferas. Violências que também se repetem por meio do desmentido, conceito cunhado por Ferenczi. Com esses traumas, o sujeito fica sem um lugar onde se possa habitar com serenidade.

Ao contrário do trauma, neste livro tudo fica dentro do *métron* – a justa medida que os deuses gregos nos recomendam: nada de excesso nas metáforas, no entusiasmo do *furor curandis*, no lirismo e na imensa tristeza quanto à relativa impotência de todos diante do traumático e suas dimensões impenetráveis. Talvez este livro possa nos trazer novas ideias para adentrar o que parecia indevassável, e aí inventar novas estratégias de reparação. Quem sabe a gente venha a se contrapor à Recusa por meio de nossa escuta-testemunho.

Isso tudo com muito respeito à função protetiva da defesa e à realidade psíquica do outro: quando começamos a ouvir uma pessoa cujo mundo interno está em pedaços, há um primeiro momento em que entramos com ela na própria Recusa, nas suas defesas, e nos perdemos junto durante um tempo para poder depois ter algum *insight*. Crianças e adultos muito traumatizados precisam primeiro esquecer o trauma para se lembrar dele só depois, *après-coup*. E, para lembrar e elaborar, é necessária a companhia de alguém que caminha junto e cria um lugar sereno onde se possa enfim habitar fora dos julgamentos convencionais.

Mas, sobretudo, precisamos de lâminas finas para lidar com a Recusa e suas infinitas dimensões: é preciso dissecar bem. Toda Recusa tenta combater as figuras do excesso que vão se multiplicando diante de nós. Precisamos de palavras cirúrgicas, finas, de corte raso para lidar com o sofrimento psíquico insuportável, tomando cuidados para não retraumatizar o paciente quando ele volta a encarar suas dores. E este livro, o leitor vai logo constatar, nos presenteia com uma coleção diversificada desses instrumentos.

Vejam os temas dos capítulos, como são reveladores: a *Verleugnung* em Freud e Ferenczi; a importância desse mecanismo de defesa na clínica do trauma e do desmentido, e ainda mais quando as mulheres se desmentem umas às outras, provocando mais confusão; a Recusa e a dimensão narcísica das crenças; os objetos culturais que ajudam a sair do cativeiro psíquico criado pela Recusa; os desafios clínicos que esse mecanismo de defesa cria na clínica com crianças; as defesas maníacas, o ressentimento e a vingança como manifestações da Recusa; e, por fim, o silêncio traumático na convivência familiar de todos os dias, com todos os seus segredos e não ditos avassaladores.

Ficamos sem fôlego só de enumerar as tantas dimensões da Recusa. É que só estamos *começando* a pensar os mecanismos de formação da violência cotidiana, quando os excessos de crueldade são indizíveis e impensáveis.

Para explorar tudo isso, os leitores terão a companhia dos seguintes autores: Ilana, Celina, Claudia, Aline, Carolina, Maíra, Pedro, Ricardo, Rodrigo, Thais, Adriana, Andréa, Arianne, Bruno, Katia, Milton, Vanessa e eu mesma. Ao nosso lado há, nas entrelinhas, uma rede de amigos, pacientes, parentes, supervisores, analistas, enfim... outras vozes que agora se presentificam aqui. Creio que há uma rede de solidariedade invisível entre pessoas que desejam encontrar alguma forma de reparar o que está tão fragmentado. É bom fazer parte de um grupo que pensa e sente, face a um mundo de barbárie que nos cerca com seus urros e gritos.

Quero convidar o leitor a fazer parte desse grupo conosco; é preciso muita gente para desconstruir as diversas *dimensões da Recusa*. Que você possa se encantar com a delicadeza e o rigor de elaboração dessas histórias.

Elisa Maria de Ulhôa Cintra[1]

1 Psicanalista; doutora em Psicologia Clínica pela PUC-SP. Professora do Programa de Estudos Pós-Graduados em Psicologia Clínica da PUC-SP e da Faculdade de Ciências Humanas e da Saúde da PUC-SP. Coordenadora do Laboratório Interinstitucional de Estudos da Intersubjetividade e Psicanálise Contemporânea (LIPSIC) – IPUSP/ PUCSP.

1. A *Verleugnung* em Freud e em Ferenczi[1]

Vanessa Chreim

Neste primeiro capítulo, vou abordar algumas dimensões da Recusa que servirão como pano de fundo teórico, ético e técnico para as reflexões que se desenvolverão ao longo dos outros capítulos. Proponho aqui um diálogo criativo entre as contribuições de Freud e Ferenczi, para promover uma ampliação da escuta psicanalítica do traumático, a partir do termo em alemão *Verleugnung*. Essa palavra tem significados conceituais diferentes na obra desses autores, mas envolve fenômenos que guardam relação entre si. A vantagem dessa articulação é permitir um aprofundamento sobre os processos de defesa e pensar de que forma continuam ativos na transferência, muitas vezes levando o processo analítico a um impasse.

A *Verleugnung* em Freud refere-se a um mecanismo de defesa, a Recusa,[2] que opera como uma proteção do psiquismo perante o

---

1 Este capítulo deriva da tese de doutorado ainda em curso na Pontifícia Universidade Católica de São Paulo (PUC-SP), intitulada provisoriamente *O trauma e os adoecimentos do superego*, financiada pela Coordenação de Aperfeiçoamento de Pessoal de Nível Superior (CAPES), sob orientação da profa. dra. Elisa Maria de Ulhôa Cintra, e reproduz as ideias apresentadas pela autora na 14ª Conferência Internacional Sándor Ferenczi, em 2024, na comunicação oral intitulada "A *Verleugnung* em Freud e em Ferenczi", bem como explora as ideias desenvolvidas no livro *Dimensões da Recusa* (Chreim, 2021), da própria autora.

2 A respeito da questão de tradução de *Verleugnung*, ver a "Introdução".

impacto afetivo do trauma. Ela promove um afastamento da realidade psíquica, para não sentir a dor insuportável ligada à experiência emocional. Por sua vez, em Ferenczi, o termo *Verleugnung* refere-se ao conceito de desmentido: trata-se de situações em que o relato da vítima de violência é deslegitimado por aquele que a escuta, como se lhe dissesse: "isso que você pensa e sente não é real".

Quando falamos do desmentido, não estamos falando de defesa, e sim de um ato de violência: é uma quebra de confiança quando a vítima mais precisa de apoio. Por isso, considero o desmentido como uma segunda experiência traumática. Por vezes, o agente do desmentido o faz porque também está tomado por uma Recusa, como as mães que custam a acreditar que seus companheiros agridem ou abusam de seus filhos.[3]

A Recusa e o desmentido são dois fenômenos distintos, mas que estão interligados, pois se num primeiro momento o psiquismo se protege do trauma pela Recusa – o que é necessário e saudável em algumas circunstâncias –, o desmentido produz uma outra Recusa no psiquismo da vítima, dessa vez patológica. Segundo Ferenczi (1933/2011c), o efeito é que o sujeito passa a duvidar de suas percepções sobre o ocorrido, ou seja, põe em xeque suas próprias interpretações dos fatos, sua realidade psíquica.

A Verleugnung *em Freud: dimensões da Recusa*

Na obra de Freud, a noção de Recusa aparece desde o início como uma reação perante a angústia de castração, mas, quando o termo *Verleugnung* passa a designar um conceito específico, o que se explicita é que se trata de uma defesa que promove o afastamento da realidade psíquica. Vou apresentar brevemente o "mito" freudiano que

3 Sobre o tema da violência doméstica, ver o Capítulo 4 – O desmentido entre mulheres: identificação com o agressor e a perpetuação da violência.

dá origem ao conceito de Recusa e suas transformações ao longo dos textos do autor.[4]

É no contexto do desenvolvimento da sexualidade infantil que a cena traumática freudiana é descrita: o menino vislumbra o genital feminino e não reconhece que existem dois genitais diferentes, um masculino e outro feminino (Freud, 1923/2011b). Influenciado pela teoria sexual infantil do primado do falo, o menino acreditava que todos os seres possuíam o mesmo genital. Então, ele deduz que a menina tinha um pênis, mas o perdeu – "tinha algo ali que foi tirado" –; essa é a terrível fantasia de castração, que desperta angústia e horror, pois o menino conclui que isso também poderia acontecer com ele. Freud (1925/2011d) afirma que a descoberta das diferenças anatômicas entre os sexos provoca uma tempestade de afetos no menino – esse choque é o que a Recusa vai tentar atenuar. Ela se interpõe ao impacto emocional de uma percepção que já penetrou o psiquismo e engendrou conclusões psíquicas insuportáveis, contra as quais se ergue a defesa buscando fazer parecer que o sujeito não foi afetado pela experiência que viveu.

O processo de interpretação da realidade envolve uma cadeia de conexões: uma percepção se liga a representações preexistentes, fantasias e pensamentos e vai construindo novos significados sobre a realidade. Esse movimento psíquico de descoberta deveria levar à revisão do saber que se tinha sobre o mundo anteriormente, ao questionamento das antigas convicções e à reformulação das teorias sexuais infantis, mas, quando é acionada a Recusa, esse processo é interrompido. Assim, a defesa conserva a crença no primado do falo, mas o menino se vê impelido a contestar o significado de sua descoberta, portanto, se esforçará por desacreditar a ameaça de castração. O menino poderá agarrar-se à crença de que o pênis da menina ainda vai crescer, ou

4 Para um aprofundamento sobre o conceito de Recusa na obra de Freud, ver o livro *Dimensões da Recusa* (Chreim, 2021), do qual este livro é uma sequência.

de que só as meninas malcomportadas são castradas, e preservará a convicção de que sua mãe ainda é fálica (Freud, 1923/2011b). É apenas com o atravessamento do complexo de Édipo que o menino chegará à conclusão de que existem dois genitais diferentes, mas, antes disso, ele interpreta a vagina como a ausência de pênis, e não como a presença de algo novo sobre o qual ele nada sabia.

Tomada ao pé da letra, a cena freudiana não parece ter muito a nos oferecer, mas, quando pode ser metaforizada, desvela uma miríade de significados emocionais que se aproximam mais do que se poderia chamar de uma experiência universal. A castração não é um fato, não é uma realidade material – afinal, não falta nada no corpo da mulher –, ela é apenas uma fantasia que remete a várias feridas narcísicas. Sentimos falta de algo que nunca tivemos – a plenitude – e temos a expectativa de que exista um objeto que nos restaure essa ilusão – o falo –, que pode estar encarnado em diversos objetos de desejo. A partir de Clavreul (1990), concluímos que a cena da descoberta da diferença anatômica entre os sexos desdobra o que chamamos de "facetas da castração"[5] – é lidar com o não saber, com perdas, incompletude, mortalidade, desamparo, entre tantas outras –, que são alvo da Recusa em todos nós, em maior ou menor grau.

Num sentido metafórico, as facetas da castração nos atravessam a partir do psiquismo de nossos pais como transmissão de diferentes significados e formas de lidar com os lutos inevitáveis do viver: o envelhecimento, o desconhecido, as mudanças, as desilusões amorosas, as decepções, entre outros. Desde que nascemos, o movimento de presença e ausência da mãe já implica experiências de separação, perda, diferença, impotência.

5 Para um aprofundamento sobre as facetas da castração e as feridas narcísicas, ver o Capítulo 5 – A Recusa e as crenças: a dimensão narcísica da não admissão da castração.

Ferenczi (1913/2011a) explora esses degraus de ilusão e desilusão em seu texto "O desenvolvimento do sentido de realidade e seus estágios", em que a criança vai fazendo contato com a realidade e as desilusões inerentes ao crescer, mas sempre sobrevive um campo de onipotência, o que consideramos fundamental para suportar as facetas da castração. Por sua vez, Pinheiro (1999) conclui que a castração só pode ser aceita entre aspas: fazemos renúncias hoje desde que haja a promessa de um futuro sem castração, como no campo do narcisismo e da filiação, em que há a expectativa de que os filhos não sofrerão as privações e as frustrações que seus pais viveram.

Podemos pensar que há uma Recusa saudável e necessária: a sobrevivência de uma crença no reencontro com os objetos perdidos, ainda que numa dimensão simbólica, que nos leva a sonhar um amanhã. É preciso que a realidade nos ofereça alguma forma de realização parcial dos desejos para sustentarmos a esperança, alguma sensação de constância e permanência para que possamos fazer projetos, apostar em relacionamentos, fantasiar a realização dos nossos desejos. Essa onipotência pode ser experimentada em alguns momentos da vida, não apenas no brincar: por exemplo, aquele que faz uma palestra e é aplaudido pode estar revivendo a ilusão fálica, temporariamente, na medida em que o público lhe outorga um lugar muito poderoso. Mas se o palestrante quisesse sempre estar nesse lugar, ele seria uma pessoa muito arrogante e chata, e provavelmente seria muito exigente consigo mesmo.

Mas há situações em que a Recusa pode levar a sérios adoecimentos, como aponta Freud (1925/2011d): "surge o processo que eu designaria como 'recusa', que na vida psíquica da criança parece não ser raro nem muito perigoso, mas que no adulto daria início a uma psicose" (p. 291). Se a cena da descoberta das diferenças anatômicas entre os sexos não pode ser reinterpretada pela criança, a castração sempre equivalerá a uma mutilação, e não ao encontro com a diferença. É isso que caracteriza o fetichismo e a perversão como organizações defensivas contra o horror provocado pela fantasia de castração, em que a Recusa promove as simultâneas admissão e não admissão da castração. Trata-se de uma contestação da realidade psíquica, do impacto emocional, e não da realidade material.

Por meio do aprofundamento no funcionamento do fetichismo, poderemos compreender as principais características da Recusa e pensar esse conceito como um mecanismo de defesa presente em todas as formas de subjetivação, e não como uma categoria diagnóstica. Freud (1927/2014) nos alerta para o fato de que o fetichista teme a castração, foi impactado pelo que percebeu e pelo que pensou, e justamente por isso mobiliza a defesa. Assim, o autor compreende que não se trata de escotomização,[6] e sim da formação de uma atitude dupla perante a realidade, em que o fetichismo faz parecer que "nada aconteceu". Esse é o mote da Recusa. Formam-se duas correntes psíquicas opostas e simultâneas, duas versões da realidade. É o que Mannoni (1969/1991) resgata em seu texto "Eu sei, mas mesmo assim", outro jargão da Recusa, uma oração que condensa a admissão da realidade e, ao mesmo tempo, a manutenção da crença contestada pela descoberta. No fetichista, o que se enuncia é "Eu sei que a mulher não tem um pênis, mas ainda assim continuo acreditando que minha mãe é fálica".[7]

Segundo Freud (1927/2014), o fetiche é formado por uma representação imediatamente anterior à traumática, ou seja, por aquilo que foi visto logo antes da vagina, como se fosse possível reter o tempo no momento subjetivo em que ainda se podia considerar a mulher fálica. Trata-se do deslocamento e da fixação na representação pré-traumática, um hiperinvestimento, para impedir que a energia

---

6 O termo escotomização se refere a um dano na retina, que se torna impermeável à recepção de novos estímulos – o que não é o caso do fetichismo, em que o psiquismo é permeável e receptivo a estímulos, mas ocorre um movimento defensivo contra eles.

7 Segundo Mannoni (1969/1991), a crença na mãe fálica sobrevive em todos nós de alguma forma. Ver o Capítulo 5 – A Recusa e as crenças: a dimensão narcísica da não admissão da castração.

psíquica se ligue à representação traumática. Assim como a visão da Medusa petrifica quem olha para ela, o fetichismo paralisa o processo de representação e simbolização para que o psiquismo não chegue a conclusões insuportáveis, inadmissíveis, intoleráveis, impensáveis.

Alguns autores, como Bass (2000), compreendem que a Recusa promove uma perturbação do processo perceptivo nos moldes da alucinação negativa (que sempre carrega no seu bojo uma alucinação positiva). Por exemplo, quando o bebê sente fome e sua mãe não está, ele suga o seu polegar, obtém prazer oral pela estimulação da zona erógena, e alucina que está mamando. O que ocorre é um investimento de energia psíquica numa representação antiga, numa memória do encontro com o seio, e não em uma percepção atual, burlando o teste de realidade. Isso funciona temporariamente para aplacar a fome ou a angústia do bebê, pois ele acredita estar na presença da mãe, do seio, mesmo em sua ausência – é o que se chama de alucinação positiva. A questão é que, nesse processo, a percepção atual que despertaria a angústia, a falta da mãe, é invalidada pela alucinação do seio. Ou seja, a representação traumática é posta fora do holofote já que outra está ocupando seu lugar: cria-se o efeito de um apagamento, denominado alucinação negativa. Esse processo faz parecer que nada aconteceu, que não há perigo ou ameaça, o que afasta temporariamente a angústia.

Da mesma forma, no fetichismo há um reinvestimento na marca pré-traumática, o que fixa o olhar e impede que ele se desloque para o registro da percepção traumática. É como se fosse possível reviver o estado emocional anterior ao trauma, quando tudo ainda estava bem. Essa é uma das faces da Recusa que vamos reconhecer, mais adiante, na descrição de Ferenczi sobre a perturbação do processo perceptivo durante o trauma.

A fixação fetichista não impede que as marcas do trauma sejam inscritas no psiquismo: elas apenas estão fora da rede de significação e, justamente por isso, têm um potencial tóxico. Para compreendermos esse efeito da Recusa, vamos recorrer ao conceito de "desautorização", termo que Figueiredo (2008) adota como tradução de *Verleugnung*: segundo o autor, refere-se à "interrupção de um processo pela eliminação da *eficácia transitiva* de um dos seus elos" (p. 59). Ou seja, a Recusa não anula a produção de uma representação, mas a impede de estabelecer conexões na cadeia psíquica, de formar diferentes significados, de engendrar sensações, pensamentos, e, portanto, de produzir angústia. O autor compreende que o processo interpretativo de uma experiência envolve sempre uma dialética de abertura e fechamento, como o movimento de formação de Gestalt e anti-Gestalt: uma oscilação constante entre uma etapa de formação de uma figura e atribuição de um significado, a partir da organização de diversos elementos, e um outro momento em que essa estabilidade é perturbada para a inclusão de novos elementos, abrindo-se para a formação de outras composições. O que a Recusa promove é o fechamento em um significado estanque, o da primeira Gestalt, na qual está incluso o pré-traumático e que fica congelada, sem abertura para novos elementos e novas ligações entre eles.

Assim, as representações traumáticas não são integradas e o movimento psíquico é paralisado. Portanto, um dos efeitos da cronificação da Recusa é um congelamento numa temporalidade pré-traumática para impedir o contato com a dor psíquica, mas que impossibilita o desenrolar do tempo pós-traumático, de elaboração e superação. Por isso, o sujeito se torna dependente do objeto fetiche, sempre precisando afastar a angústia de castração.

O traumático que não se inscreve na temporalidade não fica no passado, mas se atualiza como fantasma que assombra o presente e o futuro, por meio da compulsão à repetição. As representações traumáticas não metabolizadas estão fortemente carregadas de energia psíquica, que extravasa por meio de sintomas corporais, passagens ao ato, impulsividade e outros fenômenos aquém da simbolização; são excessos que atravessam o sujeito de forma muito violenta. Portanto, a Recusa é um mecanismo protetivo do psiquismo, constitutivo e emergencial, mas se ficar cristalizada leva a sérios adoecimentos.

Segundo Freud (1940[1938]/2018b), é a atitude dupla da Recusa que vai produzir uma cisão no Eu, não apenas nos casos de perversão, mas também na neurose e na psicose. Por isso o autor enfatiza que o fetichismo tem uma função importante no psiquismo, pois se trata de uma solução de compromisso, que tenta remendar esse rasgo na realidade psíquica. Assim como o delírio psicótico, o fetiche permite essa articulação frágil e rígida entre as duas versões da realidade, o que é uma tentativa de proteção contra o enlouquecimento, ante o risco de agravamento da cisão do Eu.

A partir dessa dissecação do conceito de Recusa, podemos identificar o fetichismo em fenômenos diversos, para além de uma preferência erótica ou de um objeto sexual que representa o pênis da mulher. Trata-se de uma formação substituta que livra o sujeito das diversas facetas da castração. Assim, em Winnicott (1971/1975), o termo fetichismo já é empregado no sentido de um extravio do objeto transicional em crianças pequenas, como um tipo de objeto que afasta a angústia depressiva ao negar a separação da mãe – uma forma de Recusa.

No fim de sua obra, Freud (1940[1938]/2018b) postulou que a atitude dupla característica da Recusa e a decorrente cisão do Eu estão presentes de diferentes maneiras em todas as formas de subjetivação, não apenas no fetichismo. Assim, o autor "democratizou" a Recusa, o que me levou a buscar compreender esse fenômeno para além da perversão e a enfatizar suas manifestações na clínica do trauma.

Por fim, com base no estudo do fetichismo, podemos elencar as principais características da Recusa, que observaremos nos diferentes fenômenos abordados neste livro: a atitude dupla perante uma situação traumática, em que há as simultâneas admissão e não admissão da realidade psíquica; a cisão do Eu decorrente desse processo de defesa; a regressão e a fixação numa representação ou estado afetivo pré-traumático; a perturbação do processo perceptivo, das funções de representação e de simbolização; a suspensão do teste de realidade.

Agora vamos olhar para as ideias de Ferenczi e identificar as dimensões da Recusa presentes no processo defensivo contra o trauma e sua atualização na realidade clínica, ou seja, no vínculo analítico.

A Recusa no tempo do indizível

Em seu texto "Confusão de língua entre os adultos e a criança", Ferenczi (1933/2011c) aborda o trauma e a defesa no contexto do abuso sexual de uma criança e outras situações de violência psíquica e física. O autor propõe a cena em que uma criança brinca com um adulto a partir de sua linguagem da ternura, em que ela assume os papéis dos progenitores como parte do processo de identificação e elaboração das questões edípicas. No entanto, o adulto agressor confunde a expressão do erotismo infantil com o interesse de alguém que atingiu a maturidade sexual, e então responde a isso com a linguagem da paixão. Assim, a criança encena, no faz de conta de sua brincadeira, suas fantasias incestuosas nos moldes da sexualidade infantil, enquanto o abusador atua essa cena na concretude, produzindo a violência em questão.

Vamos explorar as dimensões da Recusa considerando a proposta de Kupermann (2016) a respeito dos três tempos do trauma, na perspectiva ferencziana. O autor afirma:

> *Em um primeiro tempo temos um sujeito em sofrimento inédito, e geralmente inesperado, para o qual não dispõe de repertório simbólico capaz de ajudá-lo a promover sentido para essa experiência de vulnerabilidade – o campo da psicossomática é pródigo ao mostrar como o corpo se oferece como destino para o padecimento sem nome. É o tempo que proponho nomear de tempo do indizível. No segundo tempo esse mesmo sujeito busca testemunhar seu sofrimento na presença sensível de um outro confiável. É o tempo do testemunho. O terceiro tempo é*

> *aquele que ocorre quando este outro não está disponível para escutar, ou testemunhar, o sofrimento do adoecido, porque é remetido, ele mesmo (o outro), a um estado de impotência tão angustiante que transforma o indizível da dor do doente em inaudível. É o tempo da indiferença desautorizadora. (p. 16)*

A primeira manifestação da Recusa que identificamos envolve o tempo do indizível, do impacto traumático: ora, é justamente contra os elementos impensáveis, indigestos, inadmissíveis, insuportáveis, indizíveis que a Recusa defende o psiquismo, formando uma primeira blindagem. Reconhecemos isso nas diversas descrições de Ferenczi (1934/2011d) a respeito das alucinações negativa e positiva, que operam durante o choque quando não é possível ter uma reação aloplástica, ou seja, realizar uma mudança no mundo externo para que a violência cesse, como fugir, protestar, agredir, lutar etc.

Vemos isso já no texto "Confusão de língua entre os adultos e a criança" (Ferenczi, 1933/2011c), no qual o autor propõe que a força do choque traumático gera um estado de paralisia motora e do pensamento, passividade e estupor, em que o sujeito não consegue ter nenhuma reação. Como não pode se salvar, o psiquismo produz um estado de transe:

> *Um exame detalhado dos processos de transe analítico ensina-nos que não existe choque, nem pavor, sem um anúncio de clivagem da personalidade. A personalidade regride para uma beatitude pré-traumática, procura tornar o choque inexistente, o que não surpreenderá nenhum analista. (p. 119)*

Por meio da fixação nesse estado de beatitude pré-traumática, a Recusa congela a cena e paralisa o trânsito do psiquismo, fazendo uma barreira contra o afluxo do trauma. Essa é a mesma lógica do funcionamento do fetichismo, visto anteriormente: a fixação no pré-traumático permite um imediato afastamento da realidade, como se a vítima pudesse se ausentar emocionalmente. "Era como se eu não estivesse ali", dizem alguns pacientes, "como se nada tivesse acontecido", que, como já observado, é o mote da Recusa. Nesse caso, o transe é uma anestesia temporária para não sentir a dor imediata.

No texto "Reflexões sobre o trauma" (Ferenczi, 1934/2011d) encontra-se a descrição de uma defesa que se fixa no "pós-traumático", também como uma alucinação negativa: produz alucinatoriamente uma representação a respeito de um futuro em que a violência terá chegado ao fim e a vida poderá ser retomada. Ferenczi afirma que "Essas representações agem como um antídoto contra o desprazer (como anestésico) e capacitam-nos para um comportamento apropriado enquanto durar o desprazer ou a ação que engendra a dor" (p. 126). Fixando-se na miragem pós-trauma, o sujeito consegue algum grau de afastamento da realidade atual, deixando de sentir a dor da violência a que está submetido.

Podemos constatar que, em situações de perigo, até mesmo os adultos se agarram à esperança de que o resgate virá. O desespero é tão grande que se pode ouvir o barulho das sirenes ou a voz de pessoas conhecidas e confiáveis, mesmo que não estejam aí. Ocorre então um processo alucinatório em que são (re)produzidas imagens associadas ao fim do perigo. Ferenczi dá um exemplo muito didático: quando extraímos um dente, dizemos a nós mesmos que isso logo vai terminar e tudo ficará bem. Mas sabemos que, quando a anestesia termina, a dor reaparece e o corpo nos dá sinais da violência que viveu, mesmo que nós não tenhamos sentido naquele momento.

Segundo Kahtuni e Sanches (2009), o processo de clivagem pode ser comparado à autotomia, uma defesa presente em certos animais que os faz mutilar uma parte de seu corpo que esteja trazendo sofrimento ao resto do organismo, como um lagarto se desprende de seu rabo a fim de garantir sua sobrevivência. Na medicina, esse processo é comparado às amputações de um membro necrosado para poder salvar a vida de uma pessoa, protegendo-a de uma infecção generalizada, por exemplo.

A partir de uma perspectiva econômica sobre o trauma, baseada em Freud, compreendemos que a Recusa é uma defesa diante de uma dor psíquica insuportável, que é capaz de levar a um transbordamento de energia. Daí a tentativa de se amputar da dor, mas sem poder se livrar das representações traumáticas. Do mesmo modo, a Recusa pretende se livrar de uma parte do psiquismo que está agonizando, e que pode comprometer o funcionamento do restante do aparelho psíquico.

Anteriormente vimos que, no fetichismo, a Recusa gera duas correntes psíquicas opostas e simultâneas, uma que admite e outra que não admite a castração. Assim, em face da descrição ferencziana do processo de defesa contra o choque traumático, identificamos o acionamento da Recusa, que produz as simultâneas admissão e não admissão dos impactos emocionais do trauma. Ferenczi (1931/2011b) descreve uma autoclivagem narcísica, que produz uma personalidade dividida entre uma parte extremamente ferida e outra que se dessensibilizou para não sofrer, ou, nas palavras do autor, que "sabe tudo mas nada sente" (p. 88). Destacamos que, mais do que o reconhecimento do fato acontecido, o que é alvo da Recusa é o significado do trauma, por isso falamos da Recusa de uma realidade psíquica, e não da realidade compartilhada.

Embora a defesa permita uma anestesia temporária, isso não impede o registro das percepções e das representações traumáticas, que continuam assediando o psiquismo. Por isso, o que foi alvo da Recusa, mas escapou da barreira defensiva, produz um tremendo mal-estar no paciente, ainda que ele não tenha podido reconhecer que viveu um trauma. São manifestações como o retorno de imagens e sons que se impõem à mente fora de contexto, a produção de novos estados de dissociação, angústia extrema, medo de morrer, paralisia da fala e do pensamento, estados catatônicos, sensação de se sentir morto, irreal, desvitalizado, de não ser afetado pelos acontecimentos, entre outras.

Portanto, considero que esse "momento do indizível" (Kupermann, 2016) deixa marcas, mas que estão sob ação da Recusa. Isso permite entender por que há pacientes que não se dão conta dos traumas que viveram e vivem ainda hoje. São pessoas que sofrem, mas não sabem dizer de onde vem seu mal-estar: o registro do trauma tem o estatuto do conhecido não pensado[8] (Bollas, 1987/2015). Nesse contexto, o trabalho de construções em análise (Freud, 1937/2018a) a partir da transferência e da contratransferência é fundamental para dar voz àquilo que se repete na relação analítica, como um fantasma que causa arrepios na nuca, mas que ainda não diz a que veio. Porém, quando a Recusa cede, o paciente enfrenta um momento de muita dor ao entrar em contato com o conteúdo que tinha ficado em suspenso, o que muitas vezes gera reação terapêutica negativa.[9]

Assim, consideramos que esses fenômenos estão ligados a uma dimensão da Recusa que é intrapsíquica e necessária contra o choque, mas que pode levar a adoecimentos psíquicos graves. Ferenczi (1934/2011d) afirma que quando o socorro não vem, e mesmo a esperança de salvamento se extingue, o psiquismo se defende por meio da autodestruição. Segundo o autor, é uma forma de se livrar da angústia: trata-se de um ataque à coesão do psiquismo, que leva a um estado de desorientação. Nesse processo, ocorre um acionamento da realização alucinatória de desejo a partir dos fragmentos do psiquismo, como uma tentativa de produzir prazer para minimizar a percepção da dor. Aqui a Recusa é mais radical e gera um entorpecimento do psiquismo ao mesmo tempo que vai levando a um desligamento. Compreendemos que um psiquismo sem recursos internos nem

---

8 Conhecido não pensado: termo usado por Bollas (1987/2015) para se referir a fenômenos inconscientes envolvendo registros no aparelho psíquico que ultrapassam a capacidade de verbalização, como em certos aspectos primitivos das relações de objeto.

9 Reação terapêutica negativa: conceito proposto por Freud (1923/2011a) que se refere a momentos em que o quadro clínico do paciente piora, justamente porque houve um avanço no processo analítico.

apoio externo faz o possível para se preservar, ainda que seja sempre pelo curto-circuito do próprio aparelho psíquico.

Depois de explorar todas essas dimensões da Recusa, podemos identificar efeitos patógenos do trauma decorrentes da própria experiência de choque. Muitas vezes a vítima não chega ao segundo tempo do trauma, o do testemunho (Kupermann, 2016), porque ainda está presa no tempo do indizível, defendendo-se por meio da Recusa da realidade psíquica. Por isso discordo da ideia de que o trauma se torna patogênico *apenas* quando há o desmentido: penso que mesmo o melhor analista não poderá liquidar absolutamente o trauma, mas pode dar suporte para a elaboração e o enfrentamento da dor, trabalho psíquico interminável. Isso não se dará sem dificuldades: há um trabalho eterno de digestão emocional das consequências psíquicas, da mudança de interpretação de si e do mundo. Para alguns, a manutenção da Recusa e da clivagem pode ser a única forma que lhes permite seguir em frente, apesar do trauma: edificaram uma solução de compromisso – como no fetichismo – que torna tolerável a dor psíquica insuportável. Eis a importância de respeitar as defesas: penso que o trabalho analítico envolve sua transformação em formas mais porosas e flexíveis, mas não o seu combate.

Identificação com o agressor

Voltando ao texto "Confusão de língua entre os adultos e a criança" (Ferenczi, 1933/2011c), é possível agora delinear a relação entre Recusa e identificação com o agressor. Ferenczi propõe que a criança apavorada não é capaz de ter uma reação que a retire da situação de perigo, por causa do estado de choque, mas também por medo de despertar a ira de quem a está violentando. Nesse contexto, ocorre uma identificação com o agressor a fim de intuir suas necessidades e seus movimentos, evitando desagradá-lo. Nas palavras do autor:

> *"Não, não, eu não quero, está me machucando, deixe-me!" Isto, ou algo muito semelhante, seria a reação imediata se esta não fosse inibida por um medo intenso. As crianças sentem-se física e moralmente sem defesa, sua personalidade é ainda frágil demais para poder protestar, mesmo em pensamento, contra a força e a autoridade esmagadora dos adultos que as emudecem, podendo até fazê-las perder a consciência. Mas esse medo, quando atinge seu ponto culminante, obriga-as a submeter-se automaticamente à vontade do agressor, a adivinhar o menor de seus desejos, a obedecer esquecendo-se de si mesmas, e a identificar-se totalmente com o agressor. (p. 117)*

Mas, para isso, a criança precisa esquecer de si mesma. Consideramos que ocorre uma Recusa da realidade psíquica que permite à vítima deixar de sentir a raiva, o medo, o asco, a vontade de protestar, para que possa se identificar com o agressor, adivinhando seus desejos e submetendo-se à sua vontade. Assim, a criança silencia seu próprio sofrimento para poder sobreviver. Compreendemos que essa Recusa é sustentada pelo processo de incorporação[10] da figura do agressor, ou seja, pela relação que se mantém com ele enquanto objeto interno. Segundo Ferenczi, a relação com o agressor permanece na dimensão intrapsíquica, de modo que a criança pode preservar no registro da realidade externa uma relação de ternura com o violentador, como era antes do trauma, evitando desagradá-lo. A vítima o trata "como se nada tivesse acontecido".

Como afirma Ferenczi (1933/2011c): "Se a criança se recupera de tal agressão, ficará sentindo, no entanto, uma enorme confusão; a bem dizer, já está dividida, ao mesmo tempo inocente e culpada, e sua confiança no testemunho de seus próprios sentidos está desfeita" (p. 117).

---

10 A diferença entre incorporação e introjeção é tema do Capítulo 3 – Soltar a língua: a importância da introjeção na clínica do trauma.

Assim, enfatizo aqui o ponto de vista segundo o qual a identificação com o agressor já corrompe o senso de realidade da vítima, perturba seu processo de interpretação da situação traumática, atribuindo a si mesma a culpa e silenciando seu sofrimento, mesmo que não tenha havido desmentido. Nesse processo, a parte inocente e ferida, que quer protestar, é silenciada, amordaçada e punida pela parte que se sente culpada e se identificou com o agressor.

Ferenczi afirma que nesse processo é introjetado[11] o sentimento de culpa do agressor, originando na criança a necessidade de punição. Poderíamos interrogar se o que é internalizado é a culpa que o abusador deveras sente e admite, ou se ele não a admite e a deposita na vítima, de modo a culpá-la por tê-lo seduzido, como nas alegações do tipo "olha o que você me fez fazer". Há ainda outras formas de pensar essa questão: pode-se conjecturar que se trata da culpa que a criança atribuiria ao agressor, ou ainda a culpa sentida por ela pelo ataque ao agressor internalizado. Isso significa que o sentimento de culpa da vítima de violência é fortemente influenciado pela relação ambivalente que ela tem com quem a agride, o que poderá formar uma identificação melancólica venenosa. E a Recusa tem um papel importante nesse processo.

Na vítima, uma das dimensões da Recusa que se impõe como defesa contra o trauma é a não admissão do impensável de que uma pessoa de quem se espera cuidado, amor e proteção possa ser agente de tamanha violação de seu corpo e sua mente. Para uma criança, é insuportável reconhecer que pais, irmãos, amigos, professores e outras pessoas queridas se tornaram uma ameaça. Chegar a essa conclusão psíquica desperta uma turbulência emocional muito difícil de digerir: medo, ódio, impotência, desamparo, decepção, solidão. Para não

---

11 Ferenczi usa o termo "introjetado" neste contexto, mas nós acompanhamos a consideração de Abraham e Torok (1987/1995) de que o fenômeno descrito envolve uma incorporação, e não uma introjeção.

sentir a dor despertada por essa descoberta, ocorre uma Recusa dessas conclusões emocionais tão difíceis e, por meio de uma cisão,[12] a vítima preserva a figura do agressor do seu ódio e se culpa pelo ocorrido.

No entanto, numa dimensão intrapsíquica, esse ódio se mantém, ainda que não admitido. Como propôs Freud (1917[1915]/2010) a respeito da melancolia, a sombra do objeto caiu sobre o Ego. Isso significa que, na identificação melancólica, o Eu se assemelha ao objeto perdido, de modo que os afetos destinados ao outro passam a se voltar contra si mesmo, num movimento violento de autoataque. Olhando para a criança em questão, ela direciona seus sentimentos destrutivos ao agressor enquanto objeto interno e os afetos ternos ao agressor enquanto objeto externo. A parte culpada faz sombra então sobre a parte ferida e inocente, mais uma vez atacada, mas no nível intrapsíquico. Nesse processo, o sujeito se torna o próprio algoz por meio da formação de um Supereu cruel.

A questão é que a criança pode vir a ser muito violenta consigo mesma e, inclusive, se colocar em novas situações de agressão, buscando aliviar sua necessidade de punição. Por vezes, o sujeito se torna violento até com os outros, para ser castigado, não por falta de severidade do Supereu, mas pela crueldade dessa instância psíquica.[13]

O que queremos destacar é que, por meio da identificação com o agressor, a criança se impede de sentir e pensar por medo e por culpa, ou seja, ela mesma se desautoriza e invalida seu próprio sofrimento. Na clivagem resultante, uma parte amordaça a outra, ou seja, são duas correntes psíquicas opostas e simultâneas que se desmentem. A parte

---

12 Aqui estamos usando o termo cisão na acepção kleiniana: processo de defesa típico da posição esquizoparanoide que separa os aspectos bons e maus do objeto, criando em fantasia um objeto todo bom e outro todo mau. Trata-se de uma forma de defesa contra a ambivalência.

13 Como explora Freud (1924/2011c) em "O problema econômico do masoquismo" a respeito do sentimento inconsciente de culpa e a necessidade de punição e Klein (1927/2023) em "Tendências criminosas em crianças pequenas".

ferida, desamparada, assustada, não é reconhecida e acolhida pelo próprio sujeito; ela é alvo da Recusa. É o que vemos nas descrições de Ferenczi (1933/2011c) a respeito do bebê sábio,[14] do psiquiatra da família e da progressão traumática: uma pseudomaturidade a serviço da manutenção da estabilidade dos relacionamentos, em que a vítima acredita ser possível evitar um novo trauma caso ela se torne insensível à dor.

Quando se vive em um ambiente familiar muito conturbado e violento, evita-se trazer problemas para casa e piorar as tensões existentes. Essas crianças dizem a si mesmas ou subentendem o seguinte refrão: não atrapalhe. Amor forçado ou punição exagerada geram essas consequências psíquicas que a prendem ao seu agressor, como uma fixação, o que Ferenczi (1933/2011c) chamou de terrorismo do sofrimento. São situações nas quais a criança assume a responsabilidade pelo sofrimento psíquico dos outros e fixa-se nesse tipo de relação, muito aderida às necessidades alheias. Compreendemos, portanto, que há diversas dinâmicas familiares que podem se configurar como situações abusivas em que ocorre a identificação com o agressor, o que se reproduzirá na relação transferencial, como abordaremos adiante.

Desmentido

Infelizmente, é muito comum que se diga que a criança imaginou o abuso, ou que sua mãe lhe diga que nada aconteceu. O desmentido ocorre quando a vítima de uma violência confidencia para alguém a experiência traumática vivida e não lhe é oferecido um testemunho que valide seu relato nem o reconhecimento da importância psíquica

---

14 Ferenczi se refere ao sonho do bebê sábio, que aprende logo a falar para dar sábios conselhos aos pais e a outros adultos, e propõe também a ideia de uma criança que se torna psiquiatra da família, zelando pela estabilidade do psiquismo dos adultos, que, de uma hora para a outra, podem perder o controle de suas emoções.

do ocorrido, sendo-lhe afirmado que está exagerando, dramatizando ou se vitimizando. Esse é o terceiro tempo do trauma: o da indiferença desautorizadora (Kupermann, 2016).

É preciso relembrar que "desmentido" é *Verleugnung* na obra de Ferenczi, mas não se trata de um mecanismo de defesa, e sim do ato de deslegitimar o relato do outro, ou seja, é uma violência. Por vezes é a Recusa de uma realidade psíquica dolorosa que leva o adulto a desmentir a criança. Por exemplo, uma mãe pode não admitir que seu marido seja um abusador e, portanto, desmente seu filho, pois para ela é uma realidade impensável, insuportável, inadmissível, um pensamento que é alvo da Recusa no agente do desmentido.

Além disso, há outra questão a ser considerada: o desmentido produz uma Recusa no psiquismo da vítima. Quando a violência traumática é desmentida, especialmente por uma figura de autoridade e de confiança, a realidade psíquica da vítima é desacreditada por ela mesma, gerando um processo de invalidação de qualquer tentativa de apropriação pessoal da experiência. Segundo Ferenczi (1933/2011c), a consequência é que a criança não confia mais em seus sentidos e suas percepções subjetivas, pondo em xeque a relação com seu mundo interno.

Enfatizando a questão da tradução do conceito de desmentido, Miranda (2012) compreende que, embora o termo original do texto de Ferenczi seja *Verleugnung*, não se deve considerar que o autor esteja empregando essa palavra no sentido do conceito freudiano de *Verleugnung*. Podemos concordar com Miranda, pois quando se observa do ponto de vista da atitude do adulto, a palavra não se refere a um mecanismo de defesa, a Recusa, e sim a um ato de violência, o de desmentir alguém. Contudo, do ponto de vista do psiquismo infantil, o efeito do desmentido é a instalação de uma Recusa patológica.

Segundo Miranda (2012), o desmentido tem um efeito particularmente forte na criança, pois a mãe e os outros adultos são os mediadores da relação com a realidade, os que lhe apresentam o mundo e lhe oferecem explicações, de modo que suas palavras são tomadas como verdades, raramente questionadas. Inclusive, nas crianças, podemos observar como a percepção de que um adulto está mentindo para elas é frequentemente alvo da Recusa: é quase impensável que seus pais possam estar agindo dessa forma. Assim, podemos considerar que ser desmentido é também uma vivência traumática contra a qual se impõe uma Recusa, de modo que, ao se deparar com essa reação do adulto, a criança se pergunta se foi ela quem perdeu a cabeça, quem se confundiu, quem está enganada. A criança pode ser levada a questionar se a experiência indizível que viveu foi de fato uma violência.

Por isso, consideramos que, analisando o que se passa do ponto de vista intersubjetivo, o efeito do desmentido no psiquismo da vítima é inconsciente e leva a uma perturbação do sujeito com sua realidade psíquica. Ele passa a duvidar do que pensa, sente, de sua interpretação sobre os fatos, deixando de confiar naquilo que percebe sobre si. Portanto, o desmentido produz *na vítima* uma Recusa patológica e intersubjetiva, que afeta o seu senso de realidade e todo o seu processo perceptivo, produzindo, por vezes, a sensação de enlouquecimento.

Se a voz do desmentido é incorporada pelo Supereu, ela reforça a tendência da vítima de se culpar pelo ocorrido: a criança pode vir a se punir pelo que sente, pensa, se censurar, se acusar, como se ela fosse uma mentirosa que inventa coisas, ou como se estivesse delirando. Nesse caso, o desmentido não evita a formação das marcas do trauma no psiquismo, mas agrava a situação, pois não dá permissão para que elas sejam processadas, podendo levar o sujeito a atacar sua própria capacidade de sentir e pensar, acarretando uma autodestruição do aparelho psíquico.

Tendo em vista todas essas contribuições de Ferenczi sobre os tempos do trauma, e identificando as diversas dimensões da Recusa, podemos agora abordar alguns desafios clínicos que surgem ao mapearmos a clínica do trauma. Ferenczi alertou sobre alguns riscos quando percebeu que não adiantava estimular o paciente a reagir a situações de perigo. O autor considera que a vítima de violência evita desagradar o analista, uma vez que, pela repetição da transferência, ele é concebido como um potencial agressor. Assim, o analisando procurar adivinhar como fazer seu analista ficar satisfeito com a evolução do tratamento, convencendo-o de que estão avançando, quando na verdade o paciente brinca sozinho, cuida de si mesmo por não encontrar quem cuide dele (Ferenczi, 1931/2011b).

Diante do persistente sentimento de culpa da vítima de violência, pode-se estabelecer um contexto clínico delicado quando o analista afirma ao paciente que ele não tem responsabilidade pela violência vivida. Por mais bem intencionada, em alguns casos, essa fala pode produzir um desmentido, já que a vítima está convicta de que a culpa foi sua, em virtude da Recusa do ódio e da ambivalência em relação ao agressor – mas confrontar a crença do paciente não vai desfazer a defesa, e poderá significar uma importante quebra de confiança entre paciente e analista. Isso pode ser traumático, e não benéfico, como alguns imaginam. Segundo Weiss (2020), o paciente pode até pensar que o analista está sendo ingênuo por acreditar em sua inocência e sentir que ele nunca o compreenderá de verdade, pois não reconhece sua sexualidade e sua agressividade. É como se lhe fosse dito: "isso que você sente e pensa não é real", o que tem o efeito de um desmentido.

Foi o que me ensinou uma bebê sábia de 12 anos, minha analisanda durante muitos anos, que passou por uma experiência de violência e desmentido e estava tomada pelo sentimento de culpa. Disse-me saber que eu queria o bem dela, e por isso eu afirmava que ela não era culpada pelo ocorrido, mas ela sentia muita culpa e precisava falar disso comigo, afinal, eu era a pessoa que melhor a compreendia. Chorando, disse que me dizer isso foi uma das coisas mais difíceis da sua vida, mas acreditava que poderia confiar em mim.

É importante enfatizar que o que está em jogo no desmentido, como na Recusa, é o significado da experiência emocional, ou seja, não só os fatos como também a forma como foram interpretados pela vítima. Esse sentimento de culpa tem que ser escutado como um reflexo da realidade psíquica, tão real para o paciente como a parte ferida. Assim, é preciso construir uma clínica do testemunho que não se furte à escuta dos mecanismos de defesa, dos efeitos intrapsíquicos do trauma e de interpretações sobre as relações de objeto.

Se o analista procura reconhecer todas as vozes do psiquismo em sofrimento, escutando seu paciente a partir da clivagem, ele dá suporte para que a vítima de violência elabore a experiência traumática. O fundamental é uma aproximação da dupla analítica com a realidade psíquica do paciente, reconhecendo dores, defesas, ódio, sexualidade e toda a complexidade afetiva da situação.

Pode-se pensar que a parte da personalidade mantida congelada e paralisada no tempo do traumático não teve chances de se desenvolver: por trás de um bebê sábio, há sempre um lado de muita imaturidade. Forma-se um *self* que não pôde se expressar e se enriquecer, já que não viveu experiências confiáveis na relação com os outros. Assim, o analista pode se surpreender com a enorme voracidade de um paciente esfomeado de afetos, o que demandará um trabalho importante com a escuta e o manejo da transferência. Ferenczi (1931/2011b) afirma que:

> *O apetite chega comendo, diz o adágio. O paciente feito criança mostra-se cada vez mais exigente, retarda cada vez mais o aparecimento da situação de reconciliação, a fim de evitar reencontrar-se sozinho, para escapar ao sentimento de não ser amado; ou então procura, por ameaças, cada vez mais perigosas, provocar uma ação punitiva de nossa parte. Naturalmente, quanto mais intensa e fecunda era a situação de transferência, maior será o efeito traumático do momento em que nos vemos obrigados, por fim, a terminar com esses excessos. (p. 90)*

Eis então a importância de desenvolver tato para lidar com as transferências negativas e as positivas. A demanda de amor também vai requerer uma delicadeza no manejo clínico da situação, pois há uma assimetria inevitável na relação analítica, e seria uma verdadeira hipocrisia não reconhecer que aquilo que somos na vida de nossos pacientes não é o mesmo que eles são para nós. Por isso é importante o analista perceber e refletir sobre o amor de transferência, inclusive atentando-se para a contratransferência[15] e os seus eventuais anseios de salvar o paciente. Eis então a importância da análise do analista, da escuta e da elaboração de seus próprios traumas, e as formas como estes podem ser reativados ao lidar com a dor do paciente.

Bollas (1987/2015) considera que a transferência não envolve apenas a repetição de padrões de relacionamento, mas também a criação de algo novo, que pode estar sendo vivido pela primeira vez com o analista. Sobre o amor de transferência, explorei em outra ocasião a ideia de que:

> *Por vezes, o anseio do sujeito de ser contemplado em suas demandas emocionais é tão grande que leva à voracidade e à idealização da relação analítica e, por isso, ressentem-se das faltas e das falhas do analista, mas não o expressam. Entretanto, a aparente indiferença e a insensibilidade são formas de se defender da dor das feridas e aparecerão também na relação com o analista, quando, por vezes, custa ao paciente reconhecer a intensidade afetiva do vínculo entre eles. No entanto, não devemos crer nesse engodo criado pela Recusa, pois embora o sujeito não admita, a experiência analítica está acontecendo e deixando marcas que, em função da defesa, o psiquismo*

15 Para um aprofundamento sobre o tema, ver o texto "Trauma na clínica psicanalítica: contratransferência e desmentido", elaborado por Turnowski et al. (2024), publicado no *Jornal de Psicanálise*, 57(107),109-125.

> *registra, mas invalida. Ou seja, mesmo as boas experiências podem ser alvo da Recusa, na medida em que ainda persiste uma desconfiança. (Chreim, 2021, p. 174)*

No processo de análise, está em jogo a possibilidade de recuperar a esperança no vínculo com os outros, o que envolve o medo da vulnerabilidade, da repetição do trauma e do abandono. O paciente pode permanecer muito desconfiado do laço com o analista, manter-se distante ou mesmo se assustar com o seu desejo de se abrir ao novo, enquanto uma voz dentro dele diz que ninguém é confiável. Nesse sentido, pode haver na relação transferencial a manutenção de uma posição defendida que busca proteger o sujeito de mais um trauma, fazendo com que mesmo uma nova experiência de cuidado seja interpretada pelo paciente como uma repetição inevitável, como se ser abandonado fosse um destino implacável. Em alguns casos, abordar essa desconfiança no vínculo analítico pode ser um passo fundamental para construir um campo de sinceridade.

É preciso franqueza e delicadeza para abordar os anseios, os medos e as frustrações vivenciados pelo paciente na relação analítica. Segundo Ferenczi (1931/2011b), o paciente esconde até de si mesmo o ódio que sente do analista, por isso, o autor propõe que é preciso tatear o terreno para ajudar o paciente a reconhecer aquilo que não é capaz de admitir. Portanto, o analista deve desenvolver uma capacidade poliglota e polifônica para conversar com as partes clivadas da personalidade: aquela que desconfia e a que está buscando desesperadamente por algum acolhimento.

São vários aspectos que darão suporte para a superação do trauma. É preciso a criação de redes simbólicas para nomear o indizível, a oferta de uma escuta livre de julgamentos para lidar com as ambivalências, o estabelecimento de um vínculo de confiança em que possam caber as mais impensáveis ideias. É isso o que buscaremos explorar nos próximos capítulos.

Referências

Abraham, N., & Torok, M. (1995). *A casca e o núcleo*. Escuta. (Texto original publicado em 1987)

Bass, A. (2000). *Difference and Disavowal: the trauma of Eros*. Stanford University Press.

Bollas, C. (2015). *A sombra do objeto: psicanálise do conhecido não pensado*. Escuta. (Texto original publicado em 1987)

Chreim, V. (2021). *Dimensões da Recusa*. Blucher.

Clavreul, J. (1990). O casal perverso. In J. Clavreul et al., *O desejo e a perversão*. Papirus.

Ferenczi, S. (2011a). O desenvolvimento do sentido de realidade e seus estágios. In S. Ferenczi, *Psicanálise II*. Martins Fontes. (Texto original publicado em 1913)

Ferenczi, S. (2011b). Análise de crianças com adultos. In S. Ferenczi, *Psicanálise IV*. Martins Fontes. (Texto original publicado em 1931)

Ferenczi, S. (2011c). Confusão de língua entre os adultos e a criança. In S. Ferenczi, *Psicanálise IV*. Martins Fontes. (Texto original publicado em 1933)

Ferenczi, S. (2011d). Reflexões sobre o trauma. In S. Ferenczi, *Psicanálise IV*. Martins Fontes. (Texto original publicado em 1934)

Figueiredo, L. C. (2008). *Psicanálise: elementos para a clínica contemporânea*. Escuta.

Freud, S. (2010). Luto e melancolia. In S. Freud, *Obras Completas* (Vol. XII). Companhia das Letras. (Texto original publicado em 1917[1915])

Freud, S. (2011a). O Eu e o Id. In S. Freud, *Obras Completas* (Vol. XVI). Companhia das Letras. (Texto original publicado em 1923)

Freud, S. (2011b). A organização genital infantil. In S. Freud, *Obras Completas* (Vol. XVI). Companhia das Letras. (Texto original publicado em 1923).

Freud, S. (2011c). O problema econômico do masoquismo. In S. Freud, *Obras Completas* (Vol. XVI). Companhia das Letras. (Texto original publicado em 1924)

Freud, S. (2011d). Algumas consequências psíquicas da diferença anatômica entre os sexos. In S. Freud, *Obras Completas* (Vol. XVI). Companhia das Letras. (Texto original publicado em 1925)

Freud, S. (2014). O Fetichismo. In S. Freud, *Obras Completas* (Vol. XVII). Companhia das Letras. (Texto original publicado em 1927)

Freud, S. (2018a). Construções na análise. In S. Freud, *Obras Completas* (Vol. XIX). Companhia das Letras. (Texto original publicado em 1937)

Freud, S. (2018b). Compêndio de psicanálise. In S. Freud, *Obras Completas* (Vol. XIX). Companhia das Letras. (Texto original publicado em 1940[1938])

Kahtuni, H. C., & Sanches, G. P. (2009). *Dicionário do pensamento de Sandor Ferenczi: uma contribuição à clínica psicanalítica contemporânea*. Elsevier.

Klein, M. (2023). Tendências criminosas em crianças normais. In M. Klein, *Amor, culpa e reparação (1921-45)*. Ubu/Imago. (Texto original publicado em 1927)

Kupermann, D. (2016). Trauma, sofrimento psíquico e cuidado na Psicologia Hospitalar. *Revista da SBPH*, *19*(1), 6-20. https://doi.org/10.57167/Rev-SBPH.19.408.

Mannoni, O. (1991). Eu sei, mas mesmo assim. In C. M. Katz (Org.), *Psicose*. Escuta. (Texto original publicado em 1969)

Miranda, H. F. (2012). Confusão das línguas: eficiência e deficiências da tradução. In J. Verztman et al. (Orgs.), *Sofrimentos narcísicos*. Cia. de Freud/UFRJ/CAPES Prodoc.

Pinheiro, T. (1999). Em busca de uma metapsicologia da melancolia. In J. Birman (Org.), *Sobre a psicose*. Contracapa.

Weiss, H. (2020). *Trauma, guilt and reparation: the path from impasse to development*. Routledge.

Winnicott, D. W. (1975). Objetos transicionais e fenômenos transicionais. In D. W. Winnicott. *O brincar e a realidade*. Imago. (Trabalho original publicado em 1971)

2. O desafio clínico perante o desmentido na psicanálise com crianças[1]

Claudia Rezende

Personne ne garde pas un secret comme un enfant.[2]

Victor Hugo, *Les Misérables*

Introdução

Talvez um dos grandes desafios da clínica psicanalítica seja lidar com o desmentido (Ferenczi, 1931/2020b), especialmente quando este é captado no discurso parental na clínica com crianças. Se são os pais que trazem a criança, e também são eles que podem interromper o tratamento, o que fazer quando a demanda inclui cuidar de seus

1 Este capítulo deriva da dissertação de mestrado em Psicologia Clínica na Pontifícia Universidade Católica de São Paulo (PUC-SP) intitulada *REXISTIR: A relevância da função materna na clínica da vítima do abuso sexual infantil*, orientada pelo prof. dr. Luís Claudio Figueiredo. Quanto aos aspectos éticos desta publicação, as vinhetas clínicas utilizadas advêm da experiência clínica da autora e são de sua própria responsabilidade. Tais situações foram combinadas entre si de forma a não prejudicar o raciocínio clínico proposto, embora tenham sido devidamente modificadas e protegidas em relação ao sigilo, sem nenhuma possibilidade de individualização e de identificação.

2 Em tradução livre: "Uma criança guarda um segredo como ninguém".

filhos sem tocar "naquele assunto"? Normalmente um desmentido[3] porta algo do campo do indizível ou até mesmo do impensável, e não raro os pais querem se esquecer do ocorrido, sob os efeitos da Recusa, e pedem ajuda do analista para que a criança nunca se lembre.

O desmentido pode ser um segredo que se busca revelar ou não, uma suspeita que não se intenciona provar, bem como uma história mal contada a qual se busca provar errada. Independentemente de sua forma, um desmentido carrega a força de um desfazer, portanto, costuma-se encontrar uma certa postura de resistência nos pais quanto ao tratamento dos filhos, o que parece afetar diretamente o analista.

O trauma do abuso sexual infantil foi largamente estudado pelo psicanalista Sándor Ferenczi; ele problematizou o fenômeno do desmentido como aquilo que sacramenta o trauma. O desmentido é realizado comumente pelo autor do abuso, porém ainda mais grave seria o desmentido realizado por uma terceira figura, no caso a mãe ou seu substituto, que, sem aferir veracidade ao ato de violência perpetrado contra a criança (muitas vezes como forma de defesa contra tamanho horror), pode afirmar que nada ocorreu – "não fala bobagem, criança!".

O desmentido estaria na mão contrária do que se denomina testemunho. O trabalho do testemunho endossa o que foi vivenciado pela criança e confere realidade ao fato. Se a criança não é reconhecida em sua dor, ela se torna vítima duas vezes: é vítima de um ato sexual abusivo que a desconsidera como um sujeito dotado de valor e direitos, bem como é vítima de um tipo de desapropriação subjetiva por parte de seu cuidador.[4] Ao não ser reconhecida sobre o ato abusivo e a dor física e psíquica que lhe foi infligida, a criança acaba por desconfiar de suas próprias capacidades perceptivas, a ponto de se

3 Em "Análise de crianças com adultos", Ferenczi (1931/2020b) nos fala: "O pior é realmente a negação, a afirmação de que não aconteceu nada" (p. 91).

4 Ver os textos de Luís Claudio Figueiredo "Tabu, reserva e constituição do self" (2000) e "*Verleugnung*. A desautorização do processo perceptivo" (2008).

sentir desautorizada a realizar qualquer pensamento crítico. Em oposição, o trabalho do testemunho é um tipo de presença que contribui para a própria criança não se culpar pelo que sofreu, concede autoridade a ela para confiar em sua percepção sobre a realidade à sua volta e pode servir como apoio para a superação dos processos de defesa que incluem a Recusa e a cisão do Eu.

O sociólogo Jeffrey Alexander (2004), ao trabalhar nos mecanismos de formação e ação de um trauma social, indica um caminho interessante para se pensar a vivência individual do trauma. Ao postular que "o trauma é uma atribuição socialmente mediada", compreende-se que o sentimento de desamparo de um indivíduo está sempre ancorado nas expectativas emocionais e culturais do coletivo, um referencial que proporciona a formação de um senso de segurança e capacidades psíquicas. Ele fala da importância do reconhecimento do grupo sobre uma dor vivenciada por um indivíduo, pois somente quando evocado na voz do coletivo o trauma pode ser pensado e assimilado, dado que um evento traumático é sempre da ordem do susto e experienciado irracionalmente. A vivência traumática fica enterrada no inconsciente e se expressa nos pesadelos e nas ações repetitivas do sobrevivente.[5]

O autor problematiza a tendência de grupos que insistem em olhar para a frente e esquecer do passado, como se isso fosse possível. Ele nomeia os representantes dessas forças conservadoras persistentes na afirmação de "não ter visto" ou "desconhecer" o que se passou como "*bystanders of horror*".[6] É o que se nota nas manifestações da Recusa: o propósito de fazer parecer que nada aconteceu, que não houve impacto afetivo. O autor reitera a importância dos monumentos erguidos em homenagem àqueles que sofreram, pois assim podem ver sua história e sua verdade reconhecidas.

5 O termo sobrevivente para designar a vítima do abuso sexual é herdeiro do movimento feminista e indica uma posição mais esperançosa para a vítima.

6 Esse termo, que pode ser traduzido por "cúmplices do horror", foi cunhado por Elizabeth Jelin e Susana Kaufman (2000).

Seguindo essa trilha, pretendo discutir aqui quão delicada pode ser a intervenção clínica num caso em que há envolvimento de um evento traumático quando o analista se sente desconfortável para realizar o trabalho de testemunho tão valioso para as estratégias de cura. Se o trauma se instaura justamente porque há uma lacuna entre a vivência traumática e sua representação, arrisca-se dizer que, sem a inserção dos conteúdos de uma vivência traumática na cadeia simbólica associativa, esta não poderá ser significada ou reivindicada, noção que confirma os efeitos traumáticos causados pelo desmentido.

Quais seriam os sentimentos suscitados no analista diante de casos de abuso sexual infantil que o levariam a se sentir impedido de realizar o testemunho daquilo vivenciado pela criança? Seria o medo de desagradar os pais ou ser implicado criminalmente? Seria o receio de retraumatizar o paciente? A criança não tem como mudar de lugar, ela é absolutamente dependente de seus progenitores ou guardiões, logo, colocar luz sobre a cena pode ser extremamente traumatizante – já que a situação deflagra um desamparo em face do qual a criança é impotente.

Anne Alvarez (1992/2006)[7] fala que muitas vezes é preciso, primeiro, dar mais atenção às expressões e às brincadeiras da criança em busca de esquecer o ocorrido e trabalhar com o lado preservado da personalidade, nutrindo confiança no mundo externo antes de acessar a parte machucada. Ou seja, esse é normalmente um longo trabalho. A autora indica que, em casos mais graves, o trabalho analítico pode caminhar rumo ao esquecimento nos primeiros momentos para então, pouco a pouco, ser capaz de fazer contato com as recordações traumáticas; em casos menos graves seria possível iniciar um trabalho com as lembranças para então poder esquecer. Esquecer não significa apagar, mas tornar memória.

---

7 No livro *Live Company*, traduzido para o português com o título *Companhia viva* (Blucher, 2020).

A título de ilustração, apresento algumas ideias elaboradas a partir de três situações clínicas vivenciadas no consultório. Meu intuito não é a apresentação detalhada dos casos, mas o enfoque no manejo clínico do desmentido e os impasses que ele pode gerar.

Casos clínicos

Primeiro caso

Recebi uma mensagem no WhatsApp que dizia "preciso de uma avaliação sobre abuso para minha filha de 4 anos...". No mesmo dia agendamos uma primeira conversa online em que a mãe relata que a babá lhe contara que sua filha mais velha, então com 4 anos, brincava com as bonecas encenando carícias orais em suas partes íntimas. A mãe acrescenta que, por ter um problema de saúde, ela não está diretamente ligada aos cuidados do asseio pessoal da filha. Conta que o pai é muito presente em casa e participa ativamente de sua criação, levando-a para a escola todas as manhãs e a colocando para dormir à noite.

Nessa breve conversa senti que a mãe se encontrava limitada em suas capacidades protetoras para com a filha, o que a amargurava. Ela me fez várias perguntas sobre como um abuso de ordem sexual poderia afetar o desenvolvimento de uma criança e quais seriam os sinais de que algo realmente se passara. Sua voz estava um tanto trêmula e parecia agoniada por recear que o marido chegasse a qualquer momento, pois este não sabia que ela havia procurado uma psicóloga. Ao término da conversa ao telefone, me disse que ia conversar com ele sobre uma possível terapia para a filha e acrescentou que seria o pai quem levaria a menina, pois ela era cadeirante. Desligamos e eu estava afogada num imenso mal-estar porque imediatamente pressenti que não haveria um segundo contato. Passaram-se quarenta dias e recebi uma mensagem de voz no WhatsApp em que ela se desculpava por não ter retornado e dizia que decidiram observar a filha mais de perto por um tempo, sem tomar nenhuma decisão precipitada.

Na prática clínica é comum aguardar que o paciente realize um novo contato expressando o desejo pelo tratamento e, por isso, não retornei. Porém, fica a dúvida se eu não deveria ter insistido ou acolhido melhor o pedido de socorro dessa mãe que claramente se encontrava perdida, sem saber como agir. Quais são as forças que atuam sobre o analista ao escutar um relato de abuso sexual infantil?

Segundo caso

O primeiro contato se deu num telefonema em que a mãe, muito angustiada, pede urgência no atendimento, pois suspeita que o filho sofreu algo "parecido" com um abuso sexual. Eu me encontrava fora da cidade e tivemos que agendar a primeira entrevista duas semanas mais tarde. Pai e mãe vieram juntos à primeira sessão e pareciam aliviados em relação ao acontecido. A mãe relata que, durante uma viagem a trabalho, o filho Nicolas, então com 7 anos, lhe telefonara para contar em tom de segredo sobre investidas sexuais do pai sobre seu corpo. A mãe acrescenta que nessa ligação era possível escutar a voz da babá ao fundo incentivando o menino a contar.

A situação se complexificou quando tiveram acesso a um vídeo gravado pela babá no qual o menino contava com detalhes o que o pai fazia. A mãe teve oportunidade de conversar a sós com o filho e lhe explicou que, se tudo aquilo fosse real, o pai poderia ser preso e era importante que Nicolas contasse a verdade.

Furioso, o pai contratou um advogado criminalista para demitir a babá, pois temia uma reação negativa por parte dela, já que a moça cuidava do menino desde o seu nascimento. A versão escolhida pelos pais para compreender o que se passara condensa o trabalho do desmentido, um esforço para a construção de uma narrativa que parecia fazer sentido para o casal. Talvez tenha havido uma Recusa da possibilidade de que o pai abusasse do menino, desse modo, a demanda de análise para o filho se deteve no trauma causado pela babá.

Nicolas permaneceu em tratamento por dez meses e, sem abordar diretamente o assunto – que envolvia o pai tocá-lo em suas partes íntimas, ou a babá ter inventado tudo aquilo –, eu conduzi intervenções no contexto das brincadeiras que se davam entre nós. O início do tratamento foi desafiador, pois o menino não queria chegar perto de mim, me criticava e não engajava em brincadeiras, mas pouco a pouco foi se apropriando do processo analítico.

O paciente tinha o costume de pegar uma folha de papel, fazer um desenho no centro da folha e com um traço dividir o desenho ao meio. Um lado era meu e o outro era dele, e estes deveriam ser coloridos. A mim cabiam cores determinadas por ele que nada tinham a ver com a representação real do que fora desenhado, o que o levava a rir de mim sadicamente. Por exemplo, ele desenhava uma bandeira do Brasil e ficava com as cores verde, amarelo e azul, enquanto para mim restavam o rosa, o cinza e o laranja. Eu interpretava que tínhamos duas realidades sobre a mesma coisa e que ele gostava de me ver presa com aquelas cores impostas e sem possibilidade de qualquer escolha. Interpretei que talvez ele quisesse que eu experimentasse como era estar num lugar em que não se tem escolha. Era nítida a cisão que estava presente em seu aparelho psíquico, uma parte que tudo sabe e nada sente e outra que tudo sente e nada sabe, como explica Ferenczi (1934/2020d/).[8]

Nicolas usava um aparelho de audição havia alguns meses, e soube pelos pais que sua deficiência auditiva não fora notada por eles, mas pelos tios. O casal parecia lidar bem com essa limitação do filho, pois não percebia qualquer dificuldade da criança para lidar com a questão. Apesar de eu ter mencionado e me interessado em conhecer seu aparelho auditivo, Nicolas nunca veio ao consultório utilizando-o.

---

8 Em "Reflexões sobre o trauma" (Ferenczi, 1934), o autor explica a ocorrência de uma comoção psíquica após a investida sexual de um adulto sobre a criança que acaba por acionar um modo de defesa psíquica nomeada como clivagem narcísica.

Ele era uma criança que parecia extrovertida e apresentava um comportamento um tanto autoritário, porém, em alguns momentos, "entrava na ostra" – como dizia sua mãe. Ele precisava se reservar quando se sentia irritado ou contrariado. A mãe havia me contado que, curiosamente, Nicolas não sentia dor ao se machucar e que a própria escola já teria comunicado isso aos pais em uma reunião. Em sessão, tive a oportunidade de vivenciar com ele uma cena em que se machucou com a maleta do jogo batalha naval. A pele da sua mão foi fisgada nas extremidades do brinquedo e levamos tempo para conseguir abri-lo. Tentei abraçá-lo dizendo que tinha visto o corte que ficou na palma de sua mão e que poderíamos fazer um curativo, mas ele nem me deixou olhá-la, afastando-a das minhas com certo desprezo pela minha equivocada avaliação; se fechou, sem querer brincar de mais nada. Comentei que nem sempre é possível falar daquilo que dói e muitas vezes é necessário sermos mais fortes do que podemos.

Tivemos vários momentos de intenso trabalho em que penso que se produziram elaborações psíquicas, porém nunca abordei diretamente com ele a história relatada pelos pais. Enquanto eu tentava ganhar e estabelecer uma relação de confiança com o paciente, para então me sentir confortável para falar sobre o ocorrido, os pais me relatavam, satisfeitos, que Nicolas parecia nem mesmo se lembrar e apresentava melhoras. Algumas vezes convidei a mãe para vir conversar comigo sem a companhia do pai, intencionando pedir sua permissão para abordar o tema com o menino, mas ela se esquivava dizendo que tinha outros compromissos. Na chegada do final do ano, ela então me avisou que haviam decidido interromper o tratamento.

Esse caso clínico apresenta uma verdadeira confusão de língua, como propõe Sándor Ferenczi (1933/2020c). Se o segredo era uma verdade, o esforço do menino em compartilhá-lo com a mãe foi desprezado pelo desmentido, e se era uma mentira, Nicolas foi gravemente violentado pela babá ao ser envolvido numa trama sexual adulta com seu próprio pai, desvelando fantasias infantis inconscientes que seu psiquismo recém-abrigara em espaço psíquico seguro.[9]

A experiência que tive com esse atendimento não foi fácil. Eu sentia que Nicolas se encontrava em um cativeiro psíquico sem saída e temia que o *setting* analítico se tornasse um outro cativeiro por eu não conseguir quebrar aquele silêncio. Embora o brincar lúdico tenha promovido algumas metáforas do que fora vivido pelo menino, ainda assim eu pensava na importância de ele ter um lugar para falar sobre o ocorrido, pois o trauma se cristaliza justamente quando seu conteúdo não entra na cadeia simbólica associativa, quando a vivência não pode ser significada ou reivindicada, conforme indicam Sándor Ferenczi e Jeffrey Alexander.

Terceiro caso

Uma menina de 4 anos fora encaminhada pela pediatra para um tratamento psicológico pois apresentava inchaço e ardência nas suas partes íntimas. A mãe veio sozinha na entrevista e me contou que a filha chorava reclamando de incômodo quando a mãe higienizava seu genital e pedia pelo creme para assaduras que a irmãzinha bebê usava, dizendo que isso lhe aliviava a dor. Outra preocupação da mãe era que a menina se masturbava frequentemente.

---

9 Estamos nos referindo à fase de latência. No texto "Três ensaios sobre a teoria da sexualidade", Freud (1905/2016) assinala que a sedução por parte de um adulto pode desorganizar o instinto sexual da criança, que ainda se expressa da forma polimorfa. O abuso sexual infantil rompe a hierarquia entre as gerações, instituição protetora da temporalidade da infância, o que irrompe ou suprime a fase de latência. Ferenczi (1913/2020a) conceitua o período de latência como "o grande impulso de recalcamento individual" (p. 61) e toma como princípio a repressão dos tabus como condição do processo civilizatório e identificatório do ser humano. Ele compara o rompimento do período de latência a uma catástrofe na evolução da espécie.

A primeira suspeita da família era de que algo estava se passando na escola em virtude de um comunicado feito pela direção sobre um evento envolvendo sua filha e um coleguinha de sala. Parece que ele teria abaixado as calças dela, deixando-a paralisada, chorando de forma bastante passiva sem se defender. No decorrer das semanas, a mãe notava que durante algumas noites sua filha acordava para ir ao banheiro, abaixava a calça e, de frente para o vaso sanitário, ficava imobilizada em um estado sonâmbulo. Não chorava e tampouco se sentava. Preocupados, os pais pediram para assistir às gravações das câmeras de vídeo instaladas na escola e nada constataram de suspeito. Na consulta pediátrica foi comunicado à mãe sobre a possibilidade de a menina ter sofrido algum tipo de abuso sexual.

A mãe, apoiada pela avó materna da criança, que morava com a família, estava certa de que algo se passara no colégio e providenciaram a troca de escolas. Quando recebi Alice no consultório, essa mudança já estava concluída e a menina, apesar de parecer adaptada, sentia falta de suas amigas e me contava sobre elas. Frequentemente em sessão, ela utilizava a palavra "charada" em suas brincadeiras, e uma vez chegou a me perguntar o que essa palavra queria dizer. Expliquei que charada é algo que precisamos descobrir, um segredo ou um enigma, que pode ser engraçado ou pode nos confundir.

No decorrer do tratamento descobri que Alice dormia com a avó todas as noites e era muito dependente dela. Comecei a trabalhar com a paciente noções de alteridade e expliquei para os pais sobre o quão importante é para uma criança a conquista da capacidade de poder estar só, e ainda assim sentir-se acompanhada, como nos ensina Donald Winnicott (1958/2008). A mãe de Alice sofrera de depressão no puerpério e até os dias atuais vinha sendo medicada com antidepressivos. Apostei todas as fichas no fato de que seria uma grande conquista para a menina dormir em seu próprio quarto, porém nem todos gostaram da minha intervenção. A avó não via qualquer problema nesse hábito da neta e acreditava que, com a chegada da irmãzinha, a sua companhia lhe fazia muito bem.

Convidei a avó para vir ao consultório e na conversa ficou clara a dependência que havia entre as duas. Mais adiante, conversando com o pai, notei que este também se submetia à sogra e se sentia excluído da família. Incentivei-o a participar mais da vida da filha, o que apresentou ganhos positivos no tratamento. Os pais compraram uma cama nova para a menina e estavam dispostos a ajudar no processo.

A meu pedido Alice começou a trazer amigos de pelúcia que poderiam lhe fazer companhia para dormir, como um objeto transicional (Winnicott, 1971), e me mostrei curiosa em conhecê-los. Numa sessão, ela trouxe um pônei que tinha a barriga descosturada e vi naquela cena uma oportunidade de falarmos sobre machucados que precisam de tempo e companhia para sarar e propus cuidarmos dele juntas. Na sessão seguinte, providenciei linha e agulha, e com todo o cuidado fechamos o machucado de seu pequeno pônei cor de rosa. Alice ficou muito feliz e comentei que então o animal de pelúcia parecia estar forte para protegê-la durante as noites em que dormiria em sua própria cama.

Alice tentava ficar em seu próprio quarto, que fora remodelado pelos pais, mas no meio da noite passava para o quarto da avó, que mantinha aberta sua porta, o que parecia dificultar a separação entre elas. Penso que minha insistência para que Alice dormisse em seu próprio quarto levou o casal, talvez influenciado pela avó, a interromper o processo terapêutico sem termos alcançado sequer um ano de tratamento.

Reflexões sobre o manejo

Os três casos clínicos apresentados tratam de situações que envolvem algum tipo de abuso sexual infantil e portam as cores do tabu do incesto, um tema abordado por Freud (1912-1913/2019) em "Totem e Tabu".

No mito forjado por Freud,[10] o tabu do incesto e o tabu do parricídio tratam dos dois desejos inconscientes e reprimidos do complexo de Édipo[11] que explicitam os pontos nodais da investigação psicanalítica. O totemismo é uma forma de apaziguar a consciência de culpa dos filhos e organizar a sociedade primitiva em um tipo de parentesco totêmico para além do parentesco sanguíneo, estabelecendo o laço social.

O pacto social referente ao mito organiza as fronteiras do grupo, um dentro e um fora, como muros de uma cidadela. Aqueles que estão dentro se veem protegidos, os que estão fora não são dignos de proteção, como se a obediência ao tabu ou sua aceitação funcionassem como símbolo de pertencimento e direitos. O tabu tem duplo objetivo: ele define o sagrado e ao mesmo tempo declara o profano. Assim, o tabu seria o próprio sintoma de compromisso do conflito de ambivalência, uma percepção que permite fazer esclarecimentos sobre a consciência moral.

Um aspecto enigmático referente à violação do tabu é que, apesar de ser um mandamento da consciência[12] [*Gewissen*], sua violação faz surgir um terrível sentimento de culpa que tanto é evidente em si como de procedência desconhecida. Em nota de rodapé, Freud (1912-1913/2019) afirma que:

---

10 "Certo dia, os irmãos expulsos se juntaram, abateram e devoraram o pai, assim terminando com a horda primeva. Unidos, ousaram fazer o que não seria possível individualmente . . . No ato de devorá-lo eles realizavam a identificação com ele, e cada um apropriava-se de uma parte de sua força . . . a refeição totêmica seria a repetição e celebração desse ato memorável e criminoso, com o qual teve início tanta coisa: as organizações sociais, as restrições morais, a religião" (Freud, 1912-1913/2019, pp. 216-217).

11 "no Complexo de Édipo reúnem-se os começos da religião, moralidade, sociedade e arte, em plena concordância com a verificação psicanalítica de que esse complexo forma o núcleo de todas as neuroses, até onde elas foram acessíveis ao nosso entendimento" (Freud, 1912-1913/2019, p. 238).

12 "Pois o que é 'consciência'? Conforme o testemunho da linguagem, é aquilo que se sabe com a maior certeza" (Freud, 1912-1913/2019, p. 112).

> *A consciência da culpa do tabu não é minimizada quando a infração ocorre inadvertidamente... há um interessante paralelo no mito grego em que a culpa de Édipo não é eliminada pelo fato de haver sido adquirida sem que ele soubesse e quisesse e mesmo à sua revelia. (p. 112)*

O próprio exercício de reverência ao totem serviria para esfumaçar a existência dos tabus, pois são os tabus que relembram ao homem o delito cometido. Freud (1912-1913/2019) nos diz: "Fica igualmente claro por que a violação de determinados tabus envolve um perigo social, que tem de ser conjurado ou expiado por todos os membros da sociedade, a fim de não prejudicar a todos" (p. 63).

O estatuto de tabu referente ao trauma do abuso sexual infantil confere a ele uma qualidade universal para os sujeitos da nossa civilização. Freud nos diz que as leis reguladas pelo totem seriam da ordem de um tabu sagrado e de ação constante, que se violado contaminaria tanto o sujeito transgressor como o objeto envolvido, causando a perda do direito à proteção por seu grupo e, por conseguinte, ameaçando sua existência. É nesse sentido que se entende como o assunto é evitado ao máximo pelo grupo social e não penetra a cadeia associativa do discurso, o que convoca o analista a atuar numa posição quase proibitiva.

Diferente da barreira imposta pelas exigências da sociedade, explicitada por Freud (1908/2020), o tabu teria um caráter hereditário cujo efeito enigmático implicaria um temor mais forte que o desejo. O totem, por sua vez, seria um símbolo de autoridade e poder que permite o compartilhamento de um saber velado com a função de lembrar enigmaticamente os sujeitos do grupo social de seus próprios medos.

Freud (1912-1913/2019) classifica o tabu como uma "instituição social" cuja transgressão não alcança reparação pela fantasia psíquica, pois o tabu não estaria a serviço do sujeito, mas da comunidade humana. Ou seja, a violação do tabu remete ao desamparo, à desproteção, ao não pertencimento. Se uma criança foi abusada por um dos genitores, a marca da transgressão do tabu do incesto se inscreve também no nível social, tem uma implicação em como o sujeito se vê em relação à sociedade, ao coletivo.

Por isso adentrar a realidade do abuso sexual causa tremendo mal-estar e promove muitas resistências. É difícil olhar e poder reconhecer o que está acontecendo quando os abusos ferem a concepção de infância que trazemos internamente. A desproteção e a vulnerabilidade da criança diante dos adultos deflagram o medo do desamparo que habita em cada um e que se reatualiza em cada nova relação.

Assim, o trauma do abuso sexual infantil, apesar de partir de uma dinâmica intersubjetiva que acomete a criança no nível intrapsíquico, tem suas bases em uma organização mítica e cultural e pode ser encarado como um trauma social, pois é do grupo social que a criança se sente excluída e desamparada. O analista é convocado como representante desse grupo a reconhecer e testemunhar o sofrimento da criança, atestando-lhe veracidade aos fatos e assegurando-lhe seu lugar de vítima, e não de culpada. A vivência traumática do abuso sexual infantil não se conclui num evento que ocorreu no passado: é um tipo de formação traumática que tem continuidade após o ato porque envolve outras figuras além da criança, e as relações que estas mantêm entre si (Dal Molin, 2017). Assim, o analista é levado a inferir que não bastaria um trabalho clínico com a criança no nível intrapsíquico, mas que é fundamental o trabalho de testemunho, como também aponta Ferenczi (1933/2020c) em seu famoso texto "Confusão de língua entre os adultos e a criança".

A clínica psicanalítica trabalha com a associação livre do paciente e na clínica com crianças não é diferente, e esta se dá no brincar livre e lúdico. É esperado que a criança conte sobre suas vivências por meio de desenhos e encenações e na transferência. É um trabalho que leva tempo, principalmente quando envolve uma vivência traumática, pois torna imprescindível a formação de um vínculo de confiança para permitir que o ocorrido seja compartilhado. Nos três casos clínicos apresentados, o trabalho foi interrompido antes de esse objetivo ser alcançado, o que permitiria o testemunho da analista sobre a vivência.

No primeiro caso, ao fazer o telefonema, a mãe assume que algo ocorreu, há um momento de convicção logo suplantado pela Recusa. No segundo caso, assume-se que algo estranho realmente aconteceu, não se sabe ao certo quem é o autor da violência, mas, tão logo surge a hipótese de que o pai seria o abusador, a Recusa se instala perante o horror do impensável. No terceiro caso, a Recusa intercede novamente: se expurga do lar a origem do que teria acometido a criança, o que esfumaça as cores do tabu do incesto. Nos casos de Nicolas e Alice, parece que a intervenção analítica mexeu com a trama familiar, bem como com alguns conteúdos intrapsíquicos das crianças. Mas seria suficiente?

No primeiro caso existe a sobreposição de um fator importante: a impotência e a imobilidade da criança, que também aparece na mãe. A criança não pode mudar de lugar, pois é totalmente dependente dos pais e, nesse caso clínico, a mãe também apresenta uma dependência importante frente ao marido. Sua condição de saúde a impede de pegar a filha nos braços e trazê-la ao consultório; em sua voz percebi tamanho desamparo. Imagine os efeitos da revelação de que o pai seria o abusador: uma bomba sobre sua vida, seu lar, seu futuro e o de suas filhas.

Vale ressaltar quão complexa é a situação no caso 2: quando a criança conta à mãe sobre as investidas do pai, seja verdade ou invenção da babá, ela é ameaçada de perder o pai, que seria preso, e concretamente perde a babá, sua cuidadora desde o início da vida. A criança teme a punição do infrator de quem é dependente. Quando Nicolas chegou ao consultório, seu psiquismo já havia acionado o mecanismo de defesa de cisão do Eu e a Recusa já estava instalada. Seus desenhos me comunicavam algo que eu tentava abordar de forma codificada ainda: eu dizia a ele que tínhamos duas realidades e afirmava o horror que era ficar presa a uma delas sem opção de escolha, como ele me fazia sentir.

Eu tinha diante de mim um menino que promovia constantes ataques ao vínculo, me criticava e afastava como forma de expressar seu isolamento e sua solidão. Meu trabalho consistiu em instalar entre nós uma franca transferência e sinto que alcançamos algum êxito. Quando ele explorava espontaneamente os brinquedos do consultório, eu lhe concedia liberdade para escolher o que quisesse e aproveitava para interpretar a sua necessidade de impor regras que me prejudicassem, e me deixavam sem mobilidade ou agenciamento. Anne Alvarez (1992/2006) sugere que crianças abusadas confundem as noções de justiça, cuidado e proteção e, muitas vezes, essa clínica deve começar pelo trabalho de simbolização e inscrição desses conceitos e sentimentos.

Apesar de eu ter indagado sobre sua antiga babá, Nicolas nunca me contou nada sobre aquele ocorrido e me pergunto se não teria sido mais fácil se na primeira sessão eu tivesse apresentado a ele a história que me fora contada pelos pais. Assim, ele saberia que, ao me contar, o estrago não seria tão grande como já havia experimentado.

No terceiro caso, a menina me perguntou: o que é uma charada? Eu disse a ela que uma charada era um enigma, um mistério, algo que nos confunde. Perguntei quem usava aquela palavra e ela respondeu "minha vovó". Com 4 anos, Alice gostava de desenhar rabiscos ainda incipientes. Enquanto rabiscava a folha, costumava falar em livre associação sobre o que desenhava. Certa vez, entre muitas frases confusas, eu entendi que falava sobre moleques maus que tiravam o coração da menina. Falava também dos pais deles como se nada fizessem. A narrativa me parecia algo reproduzido, porque ele usava termos difíceis para uma criança de 4 anos. É relevante notar que os sintomas referentes ao traumático assediam o psiquismo, expressando alguma versão da realidade psíquica que não está disponível para verbalização.

Na primeira sessão com Alice, eu poderia ter dito a ela que sua pediatra a havia encaminhado a mim porque parecia que alguém havia tocado em suas partes íntimas, porém dei preferência a fazer as coisas generosamente mais devagar, acreditando na prioridade que tem a formação de um bom vínculo de confiança entre analista e paciente.

O psicanalista é treinado para capturar os ditos e os não ditos de um relato, bem como aquilo que foi alvo da Recusa e do desmentido, no entanto, como ser integrante do grupo social, ele também é afetado por temas que são classificados como tabu. Todas as formas de pedofilia provocam horror a qualquer ser neurótico submetido às leis impostas pela ação civilizatória (Modesto, 2010).

Procura-se oferecer proteção para a criança, mas o enquadre é arriscado tanto para o psicanalista como para o paciente, e, muitas vezes, são classificados como cúmplices do segredo. Isso leva à questão: nos casos citados, seria mesmo necessário que o evento do abuso sexual fosse abordado diretamente com a criança nas primeiras sessões?

O livro *La violence impensable* (Sabourin, Gruyer & Nisse, 1991/2004) apresenta diversas pesquisas[13] realizadas na França sobre o abuso sexual infantil. Uma delas aponta para um dado paradoxal: como são raros os casos em que se constatam provas físicas do abuso (ferimentos e/ou escoriações), não é comum vítimas dessa violência serem encaminhadas ao hospital. Quando, porém, ocorre uma hospitalização com boas condições de acolhimento para a criança, ela pode ter efeitos notavelmente reparadores: de um lado, a criança é imediatamente protegida contra o abusador e, de outro, ela é reconhecida como vítima, podendo receber a compaixão e a solidariedade da equipe da instituição. Por incrível que pareça o prognóstico de tratamento desses pacientes pode ser mais promissor por receberem reconhecimento, testemunho e empatia.

Bernard Golse (2001), no livro *Insistir-existir: do ser à pessoa*, destaca a importância de uma narrativa, pois é nela que se cria uma

13 As pesquisas expostas no livro foram conduzidas pelo Centre des Buttes-Chaumont, centro privado na cidade de Paris que acolhe famílias que apresentam situações de abuso sexual e maus-tratos.

história encadeando vivências que fazem sentido, ganham significados e se associam simbolicamente. Para o autor, há uma diferença entre ser e existir: existir compreende a capacidade que o ser humano possui de contar a sua própria história, tanto para si mesmo, o que é fundamental, como para os outros. O reconhecimento ofertado pelo outro sobre uma história de vida permite ao sujeito "se sentir existindo" para o seu grupo social dentro de um contexto compartilhado e regido por mitos e acordos sociais que produzem símbolos e significados conscientes e inconscientes capazes de dar continência a qualquer tipo de vivência.

Golse (2001) comenta que ser e existir se diferenciam porque para ser bastaria nascer, e existir inclui um árduo trabalho de diferenciação inter- e intrassubjetiva. Ele nos diz: "Não basta, pois, nascer. É preciso ainda existir depois, pouco a pouco, enquanto pessoa" (p. xvii). Existir comporta um sentimento de si em relação ao outro, "sentir-se existir enquanto indivíduo separado e diferenciado, mas num movimento e numa perspectiva que englobam, evidentemente, a simples consciência de si ou até o sentimento de si, mas que, ao mesmo tempo, os transcendem" (p. xi).

Como oficializar a realidade experimentada pela criança e permitir o preenchimento da lacuna entre a vivência traumática e sua representação? Dal Molin (2017), apoiado nas noções do trauma social apresentadas pelo sociólogo Jeffrey Alexander, aponta para a importância que pode ter para a criança, ainda timidamente em busca um receptor, encontrar um analista empático e interessado em receber a comunicação sobre o evento traumático, ainda que a portas fechadas. Quando a criança consegue compartilhar a vivência que estava encapsulada em âmbito absolutamente privado, invariavelmente inicia-se um trabalho de representação do evento traumático. Já o trabalho de reivindicação próprio do trauma social poderá um dia vir a se realizar, num poema, numa obra de arte, numa produção cinematográfica, enfim, nos objetos da cultura. Ou não.

Referências

Alexander, J. (2004). Toward a Theory of Cultural Trauma. In J. Alexander, R. Eyerman, B. Giesen, N. J. Smelser, & P. Sztomka, *Cultural Trauma and Collective Identity* (pp. 1-30). University of California Press.

Alvarez, A. (2006). Child sex abuse: the need to remember and the need to forget. In A. Alvarez, *Live company*. Routledge. (Texto original publicado em 1992)

Dal Molin, E. C. (2017). Trauma, silêncio e comunicação. In C. F. França (Org.), *Ecos do silêncio: reverberações do traumatismo sexual*. Blucher.

Ferenczi, S. (2020a). O desenvolvimento do sentido de realidade e seus estágios. In S. Ferenczi, *Psicanálise II*. Martins Fontes. (Texto original publicado em 1913)

Ferenczi, S. (2020b). Análise de crianças com adultos. In S. Ferenczi, *Psicanálise IV*. Martins Fontes. (Texto original publicado em 1931)

Ferenczi, S. (2020c). Confusão de língua entre o adulto e a criança. In S. Ferenczi, *Psicanálise IV*. Martins Fontes. (Texto original publicado em 1933)

Ferenczi, S. (2020d). Reflexões sobre o trauma. In S. Ferenczi, *Psicanálise IV*. Martins Fontes. (Texto Original publicado em 1934)

Figueiredo, L. C. (2000). Apêndice I: tabu, reserva e constituição do self. In L. C. Figueiredo, & N. Coelho Junior, *Ética e técnica em psicanálise*. Escuta.

Figueiredo, L. C. (2008). *Psicanálise: elementos para a clínica contemporânea*. Escuta.

Freud, S. (2016). Três ensaios sobre a teoria da sexualidade. In S. Freud, *Obras Completas* (Vol. VI). Companhia das Letras. (Texto original publicado em 1905)

Freud, S. (2019). Totem e tabu. In S. Freud, *Obras Completas* (Vol. XI). Companhia das Letras. (Texto original publicado em 1912-1913)

Freud, S. (2020). A moral sexual "cultural" e o nervosismo moderno. In S. Freud, *Obras Completas* (Vol. VIII). Companhia das Letras. (Texto original publicado em 1908)

Golse, B. (2001). *Insistir-existir: do ser à pessoa*. Vértices.

Hugo, V. (2023). *Lés Misérables*. Librairie internationale A. Lacroix, Verboeckhoven, et Cie. Legare Street Press. (Texto original publicado em 1862)

Jelin, E., & Kaufman, S. (2000). Layers of memory: twenty years after in Argentina. In T. G. Ashplant, G. Dawson, & M. Roper (Eds.), *The politics of war, memory and commemoration*. Routledge.

Modesto, A. L. (2010). Incesto: o último tabu? In C. P. França (Org.), *Perversão: as engrenagens da violência sexual infanto-juvenil*. Blucher.

Sabourin, P., Gruyer, F., & Nisse, M. (2004). *La violence impensable: inceste et maltratance*. Nathan. (Texto original publicado em 1991)

Winnicott, D. W. (1971). Objetos transicionais e fenômenos transicionais. In D. W. Winnicott, *O brincar e a realidade*. Imago.

Winnicott, D. W. (2008). A capacidade de estar só. In D. W. Winnicott, *O ambiente e os processos de maturação*. Artmed. (Texto original publicado em 1958)

3. Soltar a língua: a importância da introjeção na clínica do trauma[1]

Ilana Safro Berenstein
Vanessa Chreim

Inspiradas pela clínica, propomos uma reflexão sobre um conceito de Ferenczi que articula o traumático com uma visão ética e técnica no tratamento clínico: a introjeção.

Posto como um processo que constitui e expande o Ego, ou como um aspecto inerente ao funcionamento do psiquismo, a introjeção muitas vezes é pensada como sinônimo de elaboração psíquica, percepção, compreensão ou adaptação. O conceito pode parecer simples à primeira vista, mas ganha profundidade e relevância ao longo da obra de Ferenczi, principalmente no que tange aos efeitos do trauma no aparelho psíquico.

---

1 Este capítulo deriva parcialmente da dissertação de mestrado ainda em curso na Pontifícia Universidade Católica de São Paulo (PUC-SP), intitulada provisoriamente como *Autenticidade no manejo clínico – Implicações éticas na relação transferencial a partir das ideias ferenczianas* (Berenstein, I. S.), financiada pela Coordenação de Aperfeiçoamento de Pessoal de Nível Superior (CAPES), sob orientação da profa. dra. Elisa Maria de Ulhôa Cintra, e reproduz algumas ideias apresentadas por Ilana Safro Berenstein na 14ª Conferência Internacional Sándor Ferenczi, em 2024, na comunicação oral intitulada "A atualidade da transferência e as condições da introjeção".

Tendo em vista que a Recusa, a clivagem e o desmentido são fenômenos ligados aos impactos despersonalizantes do trauma, que afetam o senso de realidade do paciente e a sua conexão com seu mundo interno, consideramos que a busca dos processos de introjeção é um objetivo fundamental nesse contexto clínico.

Iniciamos recordando a diferença entre Recusa (*Verleugnung* freudiana) e desmentido (*Verleugnung* ferencziana): a Recusa é um mecanismo de defesa acionado pelo psiquismo em face de situações traumáticas, que suspende a formação de significados a respeito dessas vivências como forma de blindar o aparelho psíquico ante o impacto afetivo do trauma. Na Recusa, as representações traumáticas são formadas, mas o processo de simbolização é perturbado, de modo que a elaboração do trauma é impedida. O objetivo dessa defesa é justamente promover um distanciamento do mundo interno para que não se entre em contato com a dor psíquica insuportável. Contudo, ocorre um silenciamento das vozes do psiquismo, ainda que com o propósito de protegê-lo dos excessos traumáticos (Chreim, 2021).

Segundo Ferenczi (1931/1992b), o desmentido envolve o ato de deslegitimar o relato traumático de uma vítima de violência, o que a leva a questionar suas próprias percepções e interpretações sobre o ocorrido. O desmentido é um ato de violência por si só, em que a palavra, gesto ou atitude de alguém desacredita e desautoriza o sofrimento do outro. A partir das contribuições de Ferenczi a respeito do conceito de desmentido, pode-se compreender o fenômeno traumático em sua dimensão social, implicando o analista em uma atitude necessariamente autêntica e de disponibilidade afetiva para seu paciente, em oposição à experiência traumática de solidão, violência e abandono, que caracterizam o desmentido.

Assim, tanto nas situações de Recusa quanto nas de desmentido, ocorre um processo que desapropria o sujeito de sua voz. Para Chreim (2021), o desmentido agrava os efeitos da Recusa, pervertendo sua função protetiva e levando o aparelho psíquico a um aprisionamento.

Buscar processos introjetivos é caminhar na direção contrária ao silenciamento. É encontrar as condições para que seja possível soltar a língua (Ferenczi, 1933/1992c) dos pacientes traumatizados, que com frequência tendem a calar o que sentem e ocultar das pessoas (inclusive do analista) seus incômodos e suas dores. Em muitos casos, o sujeito passa a identificar o outro que se aproxima como um potencial agressor.

A busca pelas condições favoráveis aos processos introjetivos na relação transferencial nos convoca a pensar sobre vários assuntos: a constituição psíquica, os efeitos dos diferentes tipos de trauma na formação dos sintomas e de outras produções defensivas e, principalmente, as questões técnicas de quem se propõe a cuidar dos sofrimentos da alma.

Para começar, algumas considerações sobre o trauma na concepção ferencziana são necessárias. Sabe-se que Ferenczi acompanha Freud em grande parte de suas concepções sobre os aspectos intrapsíquicos, tanto em relação às questões topológicas e aos princípios de regência quanto no âmbito econômico. Mas em diversos aspectos, Ferenczi ampliou as concepções psicanalíticas sobre o trauma. Para o autor, o traumático é constituinte e fundante de toda a subjetividade, neurótica ou não. Gondar (2017) afirma que esta seria a sua originalidade: "a realidade do trauma estaria, para Ferenczi, na base do sonho, da constituição do pensamento, da linguagem, da cultura" (p. 67). Ele considerou que o trauma pode ser produtivo, e que as repetições sintomáticas podem caminhar no sentido da elaboração, da tentativa de reorganização e autocura; viu na repetição traumática uma grande oportunidade de trabalho psíquico.

Aliás, essa é também a oportunidade criada no *setting* analítico, como possibilidade de superação do trauma: a partir do convite do analista para a regressão às repetições sintomáticas, mas em um ambiente de responsabilidade e de cuidado, pode-se produzir um novo caminho. Formam-se novas ligações e um potente percurso de elaboração na relação entre o sujeito e o ambiente. Analista-ambiente, no caso.

Neste capítulo, o trauma será analisado em seu aspecto desestruturante, cujo impacto nocivo impulsiona o sujeito a demandar ajuda – análise, no caso. Ferenczi enfatiza o traumático no campo social, intersubjetivo, e o papel do objeto externo como disparador de mudanças. O autor dedica-se a analisar os efeitos do trauma em situações de agressão física, psíquica ou sexual, sendo que, para Ferenczi, o traumático vai além da violência do acontecido: o agravamento da dificuldade de elaborar e lidar internamente com o ocorrido encontra-se na negação por parte do ambiente de reconhecer, acolher e autorizar o sofrimento do sujeito. É nesse sentido que o reequilíbrio da importância dada à fantasia e ao papel do ambiente na patogênese do trauma pareceu crucial para Ferenczi; testemunhar a realidade do trauma era parte indispensável do trabalho de tratá-lo.

Além dessa, um conjunto de outras atitudes do analista húngaro foi configurando certo estilo clínico, sobretudo nos seus textos da chamada "virada de 1928" (Kupermann, 2019). Ferenczi apresentou de forma original a dinâmica pulsional e a dimensão dos conteúdos não representados, noções que marcam até hoje a psicanálise contemporânea e que estão no cerne da contraposição entre o conceito de incorporação e o de introjeção, à qual será tratada a seguir.

Introjeção e incorporação

Pensar a experiência emocional como o centro do trabalho clínico coloca na qualidade do vínculo transferencial toda a potência de produzir marcas diferentes das geradas pelo ambiente traumatizante. O desmentido pode ter sido uma situação recorrente e agravante na condição psíquica de quem nos procura. Frente a essa condição do ambiente, o sujeito tende a duvidar da própria percepção e engole a verdade (mentirosa) do outro, o que produz um efeito tóxico e enlouquecedor. O desmentido gera uma dúvida no sujeito em relação a sua percepção da experiência: aconteceu assim mesmo? Estou imaginando? Fui em que causei essa situação? A voz daquele que desmente é incorporada pela vítima e silencia a dor do psiquismo ferido e destruído.

Os processos introjetivos vão no sentido contrário do desmentido: são a forma do aparelho psíquico de "pôr para dentro" as experiências afetivas em um nível de metabolização mais bem-sucedido e integrado do que outros processos, pois se dá a partir de uma linguagem e uma verdade próprias. Metaforicamente, se poderia dizer que, por meio dos processos introjetivos, as experiências são saboreadas, mastigadas, deglutidas e devidamente digeridas. Os produtos desse processo passam a fazer parte do organismo de forma diluída e coesa.

Na comparação com o processo de incorporação, essa constatação fica evidente. A incorporação é uma tentativa de esconder o fracasso da introjeção, pois a inclusão da experiência é feita sem o enriquecimento do Ego, o que corresponderia, em nossa analogia, ao ato de engolir indigestos pedaços inteiros. A vivência incorporada instala-se no aparato psíquico por meio de uma clivagem, sem todos os sentidos e ligações que são estabelecidos quando a introjeção ocorre. Isso significa que essas representações não podem ser simbolizadas, interpretadas, metaforizadas, levando a uma perturbação do movimento psíquico.

Essa forma mais rude e complicada de "pôr para dentro" pode ser menos custosa de imediato, mas tende a ter consequências prejudiciais no médio e no longo prazos. As criptas (Abraham & Torok, 1987/1995) são exemplos de produtos dos processos de incorporação; formam-se em função do desmentido e constituem conteúdos enrijecidos e não integrados ao psiquismo. Acontecem frequentemente com os traumas transgeracionais, transmitidos na ausência de palavras, por meio do não dito, e das marcas presentes em seus efeitos. São inacessíveis à fala e, consequentemente, ao pensamento.

Essa diferenciação entre introjeção e incorporação é também fundamental para se pensar nos conteúdos que foram alvo da Recusa

(*Verleugnung* freudiana). Diferentemente do desmentido, que é um ato de violência intersubjetiva, a Recusa é um mecanismo de defesa intrapsíquico, que atua perante eventos traumáticos, promovendo um afastamento do mundo interno. Embora possa gerar uma anestesia temporária diante da dor psíquica despertada pelo trauma, essa defesa não impede que sejam formados registros psíquicos da experiência. Contudo, eles operam como nas criptas: estão impedidos de se ligar a uma rede de significados. A Recusa impossibilita esse processo de simbolização para que não se chegue a conclusões psíquicas impensáveis, dolorosamente insuportáveis para o psiquismo.

O processo analítico cria oportunidades para que as representações traumáticas possam se tornar pensáveis, digeríveis, toleráveis, ajudando o sujeito em seu processo de apropriação pessoal e na interpretação de suas experiências. Por isso, consideramos que, na clínica psicanalítica que se propõe a cuidar de traumas psíquicos, há muito esforço investido na busca dos processos introjetivos.

Processos introjetivos

Para explorar o conceito de introjeção na clínica do trauma, é necessário situar esse fenômeno desde sua função na constituição do aparelho psíquico. Pinheiro (1995) dá um excelente ponto de partida: "No aparato psíquico concebido por Ferenczi é a introjeção que determina a imersão do sujeito no universo simbólico da subjetividade" (p. 47). A autora traz a imagem do bebê humano como gregário, ávido por se comunicar e incluir na sua esfera psíquica a linguagem que lhe for acessível. Na árdua tarefa de interpretação do mundo, o bebê toma "emprestada" a subjetividade dos adultos para ir se apropriando dos sentidos, até que conquiste as próprias palavras e formas de se comunicar.

O Ego da criança seria, portanto, um produto de decantação da linguagem dos adultos. Ou seja, vem das palavras dos outros a possibilidade de compreensão dos próprios sentimentos, desde as sensações corporais, como fome, frio e sono, até as mais emocionais, como medo e tristeza, e mesmo o senso de realidade é fundado a partir da relação com o adulto. Vêm do outro empático os recursos com os quais se torna possível, aos poucos, construir as condições psíquicas para lidar com a vulnerabilidade e a angústia. Esse suporte é essencial para ir tecendo, com os próprios fios psíquicos, os processos introjetivos.

Introjetar é simbolizar e interpretar o mundo para interagir com ele, o que ocorre já numa dimensão social, ou seja, no vínculo com o outro. Inclusive, é a partir do arcabouço simbólico e simbolizante individual que se interpreta e se dá sentido às experiências traumáticas vividas.

Em "Transferência e introjeção", Ferenczi (1909/1991a) fala de uma "introjeção primitiva": autoerótica na origem como na tradição freudiana, seria direcionada aos primeiros objetos que geraram prazer e desprazer, deslocando o afeto ao objeto. É essa atribuição que acompanhará a internalização de um objeto: primeiro a criança ama a saciedade, depois a mãe. Por exemplo, o bebê inclui a noção de prazer e desprazer ligados ao seio ao introjetar esse objeto a partir da amamentação. O psiquismo em constituição atribui-lhe essas qualidades e constrói suas referências sobre o mundo a partir dessas vivências. Isso acontece apoiado no que o bebê experimenta ao mamar, e também pelo que é transmitido pelo inconsciente da mãe ao amamentar.

Assim, além da dimensão intersubjetiva, é importante destacar que a corporeidade e a sensorialidade estão na base dos processos introjetivos, que vão se complexificando na medida em que ocorrem novos encontros com os diversos objetos do mundo. Os sentidos são as janelas e as formas de contato do sujeito com o meio externo, é por meio dessa capacidade sensorial que se é capaz de conhecê-lo.

Em "O conceito de introjeção", Ferenczi (1912/1991b) afirma que, pela introdução dos objetos externos na esfera do Ego, todo amor objetal é resultado de uma introjeção. Nas fortes palavras do autor: "o homem só pode amar-se a si mesmo e a mais ninguém; amar a outrem equivale a integrar esse outrem em seu próprio Ego" (p. 209). Assim, o autor enfatiza a persistência do autoerotismo no desenvolvimento do amor objetal: para amar o outro, é preciso incluí-lo no próprio psiquismo, internalizá-lo a partir das marcas de prazer e desprazer.

Apoiando-se nessas sensações, a introjeção dos objetos edifica a capacidade e a necessidade humanas de produção de sentidos e constrói a possibilidade de o sujeito metabolizar e se apropriar de suas experiências emocionais a partir de uma linguagem própria, autêntica. Incessantes, os processos introjetivos trazem embutidos "subprodutos", ou seja, dão origem à capacidade de representar, simbolizar, produzir identificações e fantasias, por exemplo.

A introjeção é também parte fundamental dos processos de luto. Quando o sujeito pode fazer os trabalhos psíquicos de nomear, inscrever, perdoar e assim elaborar a perda, ele internaliza não apenas a ausência da pessoa morta, mas também os sentimentos relacionados a ela e suas representações. Esse trabalho psíquico pode ser difícil e demorado, mas, quando viabilizado, a libido investida no objeto perdido se recolhe novamente ao Ego para ficar, posteriormente, disponível para novos investimentos (Inglez-Mazzarella, 2006). O objeto perdido passa a fazer parte da história do sujeito, mas não ocupa a totalidade de sua identidade, preservando a voz própria e a vivacidade daquele que faz o luto, sem se fechar aos novos encontros da vida.

Ao contrário, na melancolia, o que se observa é uma incorporação do objeto perdido, colorida de uma forte ambivalência que não pôde ser digerida, de modo que a sombra do objeto cai sobre o Ego (Freud, 1917[1915]/2010), eclipsando-o. O amor e o ódio ficam clivados quando não podem ser admitidos, processados e reconhecidos como parte do Ego – já no luto saudável, há um trabalho psíquico de introjeção, em que o Ego reconhece e acolhe seus afetos em relação à pessoa perdida.

A clivagem e a identificação melancólica também estão envolvidas no processo descrito por Ferenczi (1933/1992c) como identificação com o agressor, decorrente do trauma, em que ocorre a internalização da culpa do agressor. O autor usa o termo "introjeção", mas Abraham e Torok (1987/1995) afirmam que o sentido conceitual é o de "incorporação", justamente porque é internalizada a culpa de uma outra pessoa, e não há um processo de elaboração dos próprios sentimentos ambivalentes em relação ao agressor.

Posto isso, concluímos que parte fundamental do trabalho clínico seria justamente criar as condições favoráveis para os processos introjetivos. A relação transferencial é o ambiente propício, o laboratório onde essas novas fórmulas metabólicas serão criadas, justamente porque acolhe certa repetição parcial da relação com os objetos traumáticos, mas dessa vez num ambiente seguro e, sobretudo, simbolizante. Aquilo que se repete na transferência poderá ser reconhecido pelo analista, nomeado e compartilhado com o paciente como uma dimensão que representa algo da realidade psíquica dele.

No texto "Transferência e introjeção", Ferenczi (1909/1991a) oferece uma analogia ao conceber o analista como "catalisador", que atrai os afetos recalcados (ou *flutuantes*) do analisando e, por meio deles, habilmente conduz os interesses do paciente às fontes primitivas escondidas. A escolha da imagem da catálise – em um paralelo com o processo químico em que a velocidade de uma reação é influenciada pela presença de um agente – facilita a compreensão do papel do analista em favorecer o processo de introjeção. Nessa analogia, pensa-se a introjeção como uma metabolização das experiências, considerando o analista como mediador entre o Ego e os conteúdos inconscientes ou do mundo externo, como sugere Landa (1999).

Essa função catalisadora é essencial para a mobilização e o processamento dos conteúdos clivados (e não apenas dos recalcados), que foram alvo da Recusa ou do desmentido, possibilitando a introjeção daquilo que anteriormente foi incorporado e tinha uma qualidade tóxica. Assim, a experiência emocional traumática poderá se integrar de outra forma ao psiquismo, por meio dos processos de representação e simbolização, enriquecendo o aparelho psíquico e tornando-o mais apto a lidar com outras vivências traumáticas que se apresentarem ao longo da vida. A introjeção permite ao sujeito tomar para si a autoria de sua história, que, em virtude do trauma, pode ter se mantido cravada no corpo sem nunca ter sido narrada para si mesmo, até esse momento.

A partir de Ferenczi, é possível ousar e listar características do vínculo analítico ligadas à função de ser esse ambiente catalizador, anfitrião e jogador do campo das introjeções. Atento aos próprios processos internos, tendências defensivas, fragilidades e repetições sintomáticas, o analista pode melhor oferecer-se como alguém com quem o paciente possa viver uma relação real, autêntica e inédita.

Sobretudo na Recusa e na clivagem oriunda do desmentido, a voz silenciada pela defesa e pelo trauma se manifestará na contratransferência do analista por meio de comunicações não verbais, aquilo que comove o analista a partir do encontro com o paciente, inclusive angústia, desejo de cuidar, de proteger, sono, raiva, medo, erotismo. A contratransferência é o grande sinalizador dos afetos, o "sentirômetro", instrumental sem o qual o analista dificilmente encontra a distância boa, que Figueiredo (2009) bem nomeou como implicação e reserva. Daí a importância da análise do analista e da questão da autovigilância em tornar possível um trabalho responsável com a contratransferência, para que o psiquismo do analista funcione como espaço para ressoar a voz do paciente e autorizá-la novamente a se expressar, recuperando os processos de introjeção. Do contrário, sem essa auto-observação, o analista corre o risco de projetar suas próprias questões no paciente, forçando-o novamente a uma incorporação traumática da verdade do outro.

Ferenczi (1933/1992c) também é crítico à indiferença do analista em relação ao paciente, o que chamou de hipocrisia profissional. Essa situação com potencial retraumatizante seria caracterizada pela indisponibilidade afetiva do analista para viver uma relação real e sincera com seu paciente. O rigor em relação à auto-observação e à autocrítica seria a forma de detectar as resistências do analista, possíveis empecílios ao trabalho clínico.

Isso tudo é preciso para que a dupla possa se entregar criativamente e, com os recursos internos de duas subjetividades diferentes, fazer os trabalhos psíquicos que produzirão mudanças na situação emocional do paciente. Ou seja, a oferta do analista é entrar em campo, deixar-se tocar e envolver, misturar-se sem se fundir, para escutar a presença das criptas, perceber zonas clivadas, compreender as funções dos sintomas e de outros mecanismos defensivos. Isso tudo para fazer da relação analítica um berço de palavras: palavras que possam nomear as experiências do campo traumático; palavras e silêncios em uma musicalidade que acolhe, reconhece, interpela e introjeta.

Os conceitos ferenczianos sobre a técnica podem parecer simples, mas são profundos e demandantes do psiquismo do analista. Horizontalidade, empatia, tato, sentir com – e tudo que deriva da elasticidade da técnica –, são compreendidos como a disponibilidade do analista para se adaptar às necessidades do analisando, de forma relativamente análoga à de uma família que se adapta para acolher o bebê e sua subjetividade (Ferenczi, 1928/1992a).

Por fim, vale citar como técnica o acolhimento da função traumatolítica dos sonhos, quando os conteúdos imagéticos são escutados como um acesso ao trabalho de figuração do material inconsciente, estatuto dado também às produções delirantes. Por meio da recepção da dupla em condição de intimidade e confiança, as impressões sensíveis traumáticas têm a oportunidade de escapar da repetição sintomática e então formar novas marcas e sentidos.

Flexibilizar a Recusa sem incorrer em desmentido

Para ilustrar as questões abordadas, falaremos de um exemplo de relação transferencial propícia aos processos introjetivos encontrado no delicado filme de Craig Gillespie (2007), *A garota ideal*, que trata da relação entre um homem intensamente traumatizado e uma boneca de mulher em tamanho real, que inicialmente parece ocupar a função de objeto fetiche.[2] Mediante a intervenção de uma terapeuta, nota-se que a boneca serve para recuperar o contato do paciente com seu mundo interno, transformando a função defensiva da Recusa em uma forma de conexão sem, contudo, incorrer em desmentido. A análise do filme ajudará a pensar de que modo o vínculo com o terapeuta pode promover o que aqui foi denominado como processos introjetivos, respeitando a forma de relação do personagem com a realidade, compreendendo e reconhecendo o papel protetivo da Recusa, mas tornando-a mais flexível.

A garota ideal conta a história de Lars, um adulto funcional, que trabalha e cuida de si, mas com uma séria dificuldade em relacionamentos afetivos. Esquiva-se de todas as relações possivelmente mais íntimas. Um dia, compra uma boneca do tamanho de um adulto, nomeia-a Bianca e começa a se relacionar com ela amorosamente. Cria-lhe uma história e a apresenta aos seus familiares, pedindo inclusive que ela more com eles. O irmão e a cunhada, atordoados com a situação, convencem Lars a levar "sua namorada" a uma médica, a terapeuta, que, na realidade, o atenderia. A habilidosa terapeuta atende à boneca de Lars, dando-lhe um diagnóstico e propondo um tratamento "especial", um contrato de trabalho em que os três se encontrariam semanalmente.

O irmão de Lars pergunta se a terapeuta poderia curá-lo; ela responde que não sabe, mas afirma não parecer um caso de psicose nem doença orgânica. Sugere com firmeza que a relação delirante de Lars

---

2 Neste contexto, falamos de objeto fetiche como desvio da transicionalidade, e não apenas como adereço que faz parte de uma relação sexual. Winnicott (1951/1975) já empregava o termo fetichismo no sentido de um extravio do objeto transicional em crianças pequenas, como um tipo de objeto que afasta a angústia depressiva ao negar a separação da mãe – uma forma de Recusa. Para um aprofundamento sobre o tema, ver o Capítulo 8 do livro *Dimensões da Recusa* (Chreim, 2021).

com Bianca tem uma razão que pode ser uma forma de comunicação ou de descoberta, e durará o tempo que ele precisar. Ela ainda os orienta a respeitar o sintoma de Lars, permitindo-lhe viver a relação já estabelecida com seu objeto, e "seguir o jogo".

É preciso aqui destacar a importância dessa atitude profissional, que diz respeito também à ética psicanalítica: quando o analista convida o paciente a dizer tudo o que se passa em sua mente, sem julgamentos, ele está também se referindo ao julgamento de realidade, e não apenas moral. O enquadre analítico cria um espaço onde o teste de realidade é suspenso, em que o paciente não deve ser desmentido pelo seu analista. Visto que a Recusa é uma proteção contra a realidade psíquica traumática e insuportavelmente dolorida, essa defesa não pode ser tratada por meio de um confronto: além de ser ineficiente, é retraumatizante para o paciente. Busca-se construir condições de pensabilidade para o que era antes impensável.

A cada sessão, enquanto Bianca descansa do tratamento, Lars e a terapeuta conversam. As conversas evoluem devagar, sem enfrentamentos diretos, perguntas invasivas ou interpretações. A terapeuta pergunta sobre Bianca e se disponibiliza a escutar. Aos poucos, Lars revela alguns de seus próprios traumas por meio de sua narrativa sobre a história de Bianca: "Seus pais morreram quando ela era bebê". A terapeuta responde: "Isso não é justo". Lars contesta: "Sim, mas ela não se vitimiza, quer ser normal e ser tratada como uma pessoa normal".

Em outra sessão, a terapeuta "despretensiosamente" pergunta sobre a cunhada de Lars, e ele diz que ela parece ter um problema de autoestima, porque sempre tenta abraçar as pessoas. Dessa forma, ele acaba trazendo para a conversa um sintoma que era dele: não suportar o toque humano. Esse diálogo reforça a aposta que a terapeuta fizera de que a relação de Lars com a boneca era o caminho possível para tratar seus traumas, já que ele resistia a qualquer menção às suas questões emocionais, referindo-se apenas aos outros. Por exemplo, uma vez ele contou à terapeuta que a mãe de Bianca morrera no parto e a terapeuta disse: "Vocês têm muito em comum"; a tensão foi aumentando e ele não conseguiu seguir conversando. No trabalho clínico com a Recusa, é comum que a defesa se reafirme durante o processo analítico, na medida em que o paciente se aproxima de seu mundo interno ferido e ainda não suporta a dor despertada.

Entusiasmado, Lars cuidou de Bianca, contou para ela sobre si, desfrutou de sua companhia socialmente, visitando o túmulo de seus pais, dançando, e até brigando; por meio dela, outras pessoas tinham um acesso inédito a Lars. Um dia ele conta à terapeuta que Bianca não aceitara se casar com ele. Em outra sessão, Lars sofridamente admite que ela não respondeu "nada" ao pedido. A terapeuta apenas enfatiza de forma empática: "nada?", e testemunha a tristeza dele.

Em uma manhã Lars desperta gritando que Bianca está inconsciente. Levam-na ao hospital, a terapeuta é chamada. Ela acompanha Lars e confirma as informações que ele traz, Bianca estaria morrendo. A cunhada questiona a terapeuta: "Como você deixou que isso acontecesse?". Ela explica: "Sempre foi Lars. Ele está tomando as decisões". Os moradores da pequena cidade cuidam dele e demonstram afeto por toda a família. A terapeuta acompanha o velório e o enterro a certa distância. Na última cena, Lars convida uma colega de trabalho para dar uma volta.

Em um enredo profundo, o filme problematiza a relação entre a realidade objetiva e a realidade psíquica, o senso de realidade singular de cada um e o senso de realidade coletivo (a chamada realidade compartilhada). Trata-se de um exemplo que ajuda a pensar o manejo clínico perante as manifestações da Recusa, convidando o analista a refletir sobre os caminhos dos acontecimentos traumáticos e dos lutos não elaborados na constituição dos sintomas e na repetição inconsciente.

Podemos pensar que a terapeuta do filme retrata uma posição autêntica e elástica na sua forma de trabalhar com Lars. Acolher e participar sem contestar a relação do paciente com seu objeto foi uma forma criativa e prudente de receber e contratar um processo terapêutico: o que comunicava à terapeuta o que se passava no mundo interno de Lars era o vínculo dele com a boneca, era esta a "verdade" que precisava ser acessada. O fato de a terapeuta "entrar no jogo", atendendo a Bianca, abriu um espaço de cuidado não ameaçador, que habilmente contornou a intensa resistência (ou impossibilidade) de falar de si.

Ela não questionou o senso de realidade de Lars, o que seria vivido como um desmentido traumático, mas compreendeu que a função do delírio não é apenas o afastamento da realidade, mas também uma expressão da realidade psíquica, como explora Freud (1937/2018) em "Construções em análise". O mesmo se passa na edificação do objeto fetiche: ele sempre contém em sua construção uma representação pré-traumática (Freud, 1927/2014) e tem a função de afastar a angústia contestando a realidade psíquica. A forma e o uso do objeto fetiche revelam ao analista um pedaço da história traumática, e ocultam outro grande pedaço.

No filme, a terapeuta explicita sua aposta positiva no sintoma, afirmando que Bianca é real, apesar de ser uma boneca, um delírio produzido por Lars que se manterá enquanto precisar dele. Compreende que o delírio comunica algo importantíssimo sobre Lars e oferece-lhe a oportunidade de trabalhar seus traumas e seus lutos não elaborados, incorporados, clivados e projetados sobre a boneca. Assim como o objeto fetiche, a boneca está fortemente colorida de representações traumáticas, de modo que Bianca pode revelar ao analista aspectos do paciente, mesmo que ele ainda não tenha se apropriado deles.

O trabalho de introjeção daquilo que foi clivado, e era insuportável, não é indolor: vemos como Lars reage ao ter de falar do próprio sofrimento e reconhecer que ele também tem uma história traumática como a de Bianca. Lars perdeu sua mãe no parto, o que leva à associação da gravidez da cunhada a um possível evento disparador de angústias. Conhecendo a história da infância de Lars – sem mãe e maltratado pelo pai –, pode-se imaginar o efeito traumático do desamparo e a intensidade das defesas psíquicas construídas frente aos sentimentos de fragilidade e impotência.

A construção da história de Bianca é repleta de traços identificatórios: além de ter perdido os pais, ela é "missionária", religiosa, tímida. O enredo mostra como Lars pôde, ao utilizá-la como espelho de si mesmo e, ao mesmo tempo, enquanto objeto fetiche que lhe permite livrar-se de diversas angústias, como de separação e perda: Bianca sempre estaria ali, ao contrário dos outros relacionamentos humanos que envolvem intimidade, nos quais há o risco de desilusão amorosa e perda do vínculo, assim como abandono e violência.

Por meio da análise, a boneca vai adquirindo aspectos transicionais na medida em que Lars pode usá-la na comunicação com a analista, desenvolvendo um vínculo de confiabilidade entre eles. Gradualmente, ele pôde representar e experienciar processos como o enamoramento, a presença-ausência, o abandono e, principalmente, o luto. A morte de Bianca pôde ser elaborada, ao contrário da morte de sua mãe. Sua angústia passa a ser nomeada e cuidada pelos demais moradores da cidade. Bianca pôde morrer porque algo novo estava nascendo em Lars: outros vínculos de cuidado, confiança e presença segura, seja com a terapeuta, seja com sua família e seu grupo social. Nesse momento, Lars já podia ser tocado, e seu corpo deixa de ser uma fronteira que o separa dos outros. A terapeuta propôs suaves toques no braço de Lars, que foi perdendo a aversão ao contato físico e conseguiu, depois de um passeio, dar a mão à colega.

Conclui-se que o tato da terapeuta – nesse caso, no duplo sentido – pode tê-la levado a encontrar uma forma empática e sensível de tratar Lars. Com frequência, tato, empatia, sensibilidade e intuição caminham juntos, associados ou misturados no trabalho clínico. O manejo proposto, pela criativa adaptação, viabilizou que Lars seguisse comparecendo e confiando cada vez mais na terapeuta.

A terapeuta do filme apresenta várias das características defendidas por Ferenczi: modesta, não faz promessas irresponsáveis, e humilde em relação a seus saberes. Disponível afetivamente, em reserva implicada, é atenciosa às comunicações de Lars e constrói perguntas de modo cauteloso. Não força interpretações nem se esquiva de responder perguntas pessoais quando são uma possibilidade de encontro e vínculo entre duas pessoas reais. As inéditas conversas viabilizadas pela "missão Bianca" legitimada pela terapeuta contribuíram para os processos introjetivos que impulsionaram a melhora de Lars. E assim, por meio da ficção com sua potência imagética, é possível perceber nessa delicada relação terapêutica um exemplo de ousadia, flexibilidade, autenticidade e experimentação com prudência, conforme ensina Ferenczi.

Referências

Abraham, N., & Torok, M. (1995). *A casca e o núcleo*. Escuta. (Texto original publicado em 1987)

Chreim, V. (2021). *Dimensões da Recusa*. Blucher.

Ferenczi, S. (1991a). Transferência e introjeção. In S. Ferenczi, *Psicanálise I*. Martins Fontes. (Texto original publicado em 1909)

Ferenczi, S. (1991b). O conceito de introjeção. In S. Ferenczi, *Psicanálise I*. Martins Fontes. (Texto original publicado em 1912)

Ferenczi, S. (1992a). Adaptação da família à criança. In S. Ferenczi, *Psicanálise IV*. Martins Fontes. (Texto original publicado em 1928)

Ferenczi, S. (1992b). Análise de crianças com adultos. In S. Ferenczi, *Psicanálise IV*. Martins Fontes. (Texto original publicado em 1931)

Ferenczi, S. (1992c). Confusão de língua entre os adultos e a criança. In S. Ferenczi, *Psicanálise IV*. Martins Fontes. (Texto original publicado em 1933)

Figueiredo, L. C. (2009). *As diversas faces do cuidar: novos ensaios de psicanálise contemporânea*. Escuta.

Freud, S. (2010). Luto e melancolia. In: S. Freud, *Obras Completas* (Vol. XII). Companhia das Letras. (Texto original publicado em 1917[1915])

Freud, S. (2014). O fetichismo. In S. Freud, *Obras Completas* (Vol. XVII). Companhia das Letras. (Texto original publicado em 1927)

Freud, S. (2018). Construções na análise. In S. Freud, *Obras Completas* (Vol. XIX). Companhia das Letras. (Texto original publicado em 1937)

Gillespie, C. (Diretor). (2007). *A garota ideal* [Filme]. Sidney Kimmel Entertainment.

Gondar J. (2017). Ferenczi e o sonho. In E. S. Reis & J. Gondar (Orgs.), *Com Ferenczi: clínica, subjetivação, política* (pp. 78-88). 7 Letras.

Inglez-Mazzarella, T. (2006). *Fazer-se herdeiro: a transmissão psíquica entre gerações*. Escuta.

Kupermann, D. (2019). *Por que Ferenczi?* Zagodoni.

Landa, F. (1999). *Ensaio sobre a criação teórica em psicanálise: de Ferenczi a Nicolas Abraham e Maria Torok*. Unesp/Fapesp.

Pinheiro T. (1995). *Ferenczi: do grito à palavra*. Zahar.

Winnicott, D. W. (1975). Objetos transicionais e fenômenos transicionais. In *D. W. Winnicott, O brincar e a realidade*. Imago. (Texto original publicado em 1951)

4. O desmentido entre mulheres: a identificação com o agressor e a perpetuação da violência[1]

Vanessa Chreim
Elisa Maria de Ulhôa Cintra

A chamada "cultura do estupro", termo cunhado em 1970 no contexto da segunda onda feminista, refere-se ao reconhecimento de discursos e práticas muito correntes na sociedade, que culpabilizam a mulher pela violência sexual sofrida e inocentam o agressor. Trata-se de uma forma de deslegitimar o relato de uma vítima de agressão, o que Ferenczi (1931/1992a) chamou de desmentido, identificando nesse ato uma outra forma de violência. O que chama a atenção é a abrangência desse fenômeno, em que não apenas os homens são os praticantes desse tipo de violência de gênero, mas também as mulheres com frequência são autoras do desmentido, prontas a responsabilizar a vítima pelo ocorrido, como se algo do comportamento delas é que tivesse levado a tal desfecho. Indagamos, então, o que leva uma

---

1 Este capítulo deriva da tese de doutorado ainda em curso na Pontifícia Universidade Católica de São Paulo (PUC-SP), intitulada provisoriamente como *O trauma e os adoecimentos do superego*, financiada pela Coordenação de Aperfeiçoamento de Pessoal de Nível Superior (CAPES), sob orientação da profa. dra. Elisa Maria de Ulhôa Cintra, e reproduz as ideias apresentadas pelas autoras na 14ª Conferência Internacional Sándor Ferenczi, em 2024, na comunicação oral intitulada "Desmentido entre mulheres".

mulher a desmentir a outra, numa perpetuação das formas de violência? O que perturba o desenvolvimento da empatia pelo semelhante?

A inquietação que deu origem a este texto surgiu de conversas realizadas sobre a minissérie *Anatomia de um escândalo* (Kelley & Gibson, 2022), que trata do julgamento de um político acusado de ter abusado sexualmente de sua secretária, que na época era sua amante. No elevador do escritório, ele inicia uma abordagem sexual a ela, que reage dizendo "aqui não", mas ele insiste e consuma o ato. Segue-se então um julgamento: foi ou não foi um estupro?

O que mais nos intrigou foi conversar sobre essa série com mulheres de diferentes contextos e perceber que não havia consenso, mesmo quando elas tinham a mesma faixa etária. Uma delas diz: "Ora, se ela entrou no elevador com ele, sabia o que iria acontecer". Outra, contudo, tem mais claro que o "não" pode ser dito em qualquer momento da relação sexual, e que o "não" pronunciado no elevador deveria ser compreendido imediatamente como falta de consentimento. O que chama a atenção é a propensão de algumas mulheres a se culparem pelo ocorrido, ou condenarem outra pessoa em posição semelhante, como se as vítimas tivessem se colocado na "boca do lobo". E assim fica legitimado que o homem vai sempre se comportar como lobo. A expressão "*boys will be boys*", muitas vezes proferida até por mulheres, expressa a ideia de que homens são violentos por natureza, e, portanto, são elas que têm de se comportar. A vítima se torna então responsável pela sexualidade e pela violência do agressor.

Nesse sentido, para compreendermos esse desmentido entre mulheres, é preciso também levar em consideração quais são os efeitos do trauma que ajudam a perpetuar narrativas e discursos culpabilizantes, os quais acabam sendo reproduzidos pelas próprias vítimas. Ferenczi (1933/1992b) nos ajuda a pensar a razão pela qual muitas vezes o trauma não leva o sujeito a sentir compaixão e empatia por outras vítimas, e sim o contrário disso. Em certas circunstâncias, o trauma produz um sentimento de culpa na vítima que a leva a se acusar, se culpabilizar e se punir, o que a torna incapaz de acolher a sua própria ferida. Se ela faz esse julgamento sobre si, provavelmente fará o mesmo com sua semelhante. Mas o que leva uma mulher a se culpabilizar pela violência sofrida?

Não são apenas os perversos, os pedófilos ou os homens que desmentem uma mulher; com frequência as próprias mães são incapazes de acolher as palavras das filhas como verdadeiras, justamente porque estas reverberam em seu próprio passado traumático. Elas tendem a deslegitimar o relato de violência das vítimas, pois este reacende suas próprias feridas traumáticas não elaboradas.

O mais dramático é que essas autoras do desmentido muitas vezes nem se deram conta de que viveram agressões no passado, ou não interpretam essa vivência como violência, e por isso têm dificuldade de reconhecer sua semelhante como vítima de uma agressão. Um dos aspectos que colabora para a não admissão do trauma são os mecanismos de defesa: com frequência uma pessoa se protege do choque traumático por meio da Recusa (*Verleugnung*).[2] Na linguagem popular, diz-se que uma pessoa está "em negação" quando não entrou em contato com o impacto emocional da experiência vivenciada. Trata-se de uma blindagem contra representações impensáveis, intoleráveis, inadmissíveis, em que o sujeito se afasta de sua realidade psíquica para não sentir a dor provocada pelo trauma.

Num contexto traumático, a Recusa é um mecanismo de defesa indispensável, mas se por um lado ela permite ao sujeito agir como se nada tivesse acontecido, porque impediu o contato com o significado do trauma, por outro, também perturba a possibilidade de elaboração dessa vivência emocional. Instala-se então uma não admissão da

---

2 O conceito de Recusa foi proposto por Freud (1927/2014) como defesa contra angústia de castração na criança e no fetichista. Já em 1938, o autor afirmou que esse mecanismo de defesa estaria presente em todas as formas de subjetivação, como Recusa da realidade psíquica, produzindo uma cisão no Eu (Freud, 1940[1938]/2018). Ver *Dimensões da Recusa* (Chreim, 2021).

realidade psíquica na própria vítima de violência. Por isso, nesses casos, considera-se que a Recusa é protetiva, mas sua persistência pode produzir adoecimentos psíquicos.

Assim, ao pensar em algumas autoras do desmentido, deve-se levar em conta que a Recusa da sua própria realidade psíquica insuportável é o que as faz deslegitimar a voz de uma outra vítima de violência. Isso porque a narrativa traumática de uma outra pessoa ressoa no impensável do trauma que elas mesmas viveram, mas não admitiram nem elaboraram. Diante do risco de reabrir as feridas não cicatrizadas, o psiquismo novamente se defende por meio da Recusa, o que acarreta a não admissão da autenticidade do relato traumático de outra mulher.

O que também influencia a possibilidade de interpretação de uma experiência traumática é a rede de significados preexistentes. Nossa interpretação do mundo e nosso senso de realidade dependem de mecanismos de transmissões inconscientes familiares e culturais: em alguns círculos, a violência de gênero é compreendida como algo natural e corriqueiro. Por exemplo, nas conversas sobre a série *Anatomia de um escândalo* com várias mulheres, uma delas apontou que, se a secretária era amante do político, a demanda dele de intimidade sexual no elevador não poderia ser considerada um estupro. Isso leva à reflexão sobre o desmentido do trauma no âmbito do estupro conjugal: uma concepção de que a esposa não precisa dar seu consentimento às demandas sexuais do marido, afinal são casados e essa é a função dela como mulher.

Na clínica (e fora dela), todos já ouviram falar de tias, avós, primas, mães e irmãs que falham em acolher a dor das outras, e repetem o discurso de que o lugar da mulher é no sofrimento, designando até um valor narcísico prestigioso para aquela que perdoa o marido, que não se queixa. Esses discursos violentos se reproduzem de geração em geração, em uma transmissão retraumatizante. Assim, vemos como se forma um circuito vicioso de desmentidos, Recusas e violências.

Os efeitos do trauma: clivagem e identificação com o agressor

Ferenczi nos ajudará a compreender os aspectos intrapsíquicos e intersubjetivos que favorecem a não admissão do trauma e a produção do sentimento de culpa na vítima de violência. O autor tece suas considerações sobre o trauma a partir da noção de confusão de língua,[3] abordando o fenômeno em que uma criança é agredida (física, verbal, psíquica ou sexualmente) por um adulto, mas suas contribuições são válidas para refletir sobre qualquer forma de trauma intersubjetivo, mesmo entre adultos.

Ferenczi propõe que, no momento do choque traumático, ocorre um estado de transe e de alucinações negativas que permitem um distanciamento radical da realidade psíquica, como explorado em "Reflexões sobre o trauma". O autor diz que o psiquismo reproduz alucinatoriamente representações ligadas ao pré-traumático, como no estado de beatitude que acompanha o transe, bem como nas antecipações imaginárias do momento em que a agressão terá finalmente cessado: "Essas representações agem como um antídoto contra o desprazer (como anestésico) e capacitam-nos para um comportamento apropriado enquanto durar o desprazer ou a ação que engendra a dor" (Ferenczi, 1934/1992c, p. 126).

Identificamos nessa descrição uma primeira manifestação da Recusa da realidade psíquica, que promove uma blindagem afetiva para não sentir a dor imediata – ela produz a sensação de distanciamento do próprio corpo que muitas vítimas relatam, como se estivessem se vendo de longe, ou quando dizem "era como se não fosse comigo". Esses fenômenos alucinatórios levam a uma dessensibilização momentânea, que permite à vítima suportar o sofrimento

3 Sobre um aprofundamento do conceito, ver Capítulo 1 – A *Verleugnung* em Freud e em Ferenczi.

enquanto dura a agressão da qual não se pode escapar. Como propõe Ferenczi (1931/1992a), forma-se uma clivagem na personalidade entre uma parte "que sabe de tudo, *mas nada sente*" e uma parte sensível, brutalmente destruída, que é silenciada. Isso ajuda a compreender por que algumas mulheres só se dão conta das violências sexuais que viveram na infância quando chegam à vida adulta, ou na análise, quando o movimento psíquico é retomado: é no *après-coup* que a Recusa pode ser desfeita e o trauma pode então ser acessado e elaborado.

A questão é que, apesar da defesa, as marcas do trauma não deixam de se inscrever no psiquismo, mesmo que não tenham podido ser interpretadas como violência: o mal-estar se manifesta de diversas maneiras, inclusive na relação com o próprio corpo. Nota-se o medo, a paralisia, o transe e a "ausência" se repetindo em diversas situações que remetem à cena traumática, e o mesmo acontece em relação ao retorno de imagens, sons, palavras e representações ligadas à cena original. A vivência fica num estado de "conhecido não pensado", termo usado por Bollas (1987/2015) para se referir a fenômenos inconscientes envolvendo registros no aparelho psíquico que ultrapassam a capacidade de verbalização, como em certos aspectos primitivos das relações de objeto. Muitas vezes, o registro da experiência traumática também está aquém da verbalização e não pôde ser devidamente representado e processado pelo psiquismo. Kupermann (2016) se refere a esse primeiro tempo do trauma como o do indizível. É justamente contra o indizível, impensável, inadmissível, intolerável, irrepresentável que a Recusa se interpõe.

Há ainda outra dimensão da Recusa que opera como defesa contra o trauma: trata-se de uma não admissão do conteúdo impensável do trauma intersubjetivo. Para uma criança, por exemplo, é quase inacreditável que o adulto – de quem se espera cuidado – possa violentá-la e destruí-la. Pais, irmãos, amigos e professores em quem se confiava, de repente, revelam-se uma ameaça. Chegar a essa conclusão psíquica desperta uma turbulência emocional muito difícil de digerir: medo, ódio, impotência, desamparo, decepção, solidão. Para não sentir a dor gerada por tal pensamento insuportável, o psiquismo aciona a Recusa contra esse significado emocional, e por meio de uma clivagem preserva a inocência da figura do agressor, atribuindo a culpa a si mesma. Por vezes, procura amenizar o impacto do que aconteceu, justificando a reação do agressor.

Assim, pode-se compreender que se forma uma identificação melancólica: como a vítima se impede de destinar o ódio ao agressor enquanto objeto externo, esse ataque passa a ocorrer na dimensão intrapsíquica. O Eu então amalgamado à figura do agressor, por meio da incorporação, agora é alvo do ódio destinado a esse último, de modo que ocorre um autoataque violento perpetrado por um Supereu cruel. Por meio dessa clivagem, mantém-se a linguagem da ternura com o agressor externo, e a linguagem da paixão com o agressor incorporado.

A questão é que a Recusa do significado do trauma intersubjetivo sustentará uma interpretação unívoca sobre a experiência, a saber, a de que a vítima é a responsável pelo ocorrido. Por isso esse sentimento de culpa se mantém como uma crença persistente, que não admite ser repensada, questionada, interrogada, que impede a admissão do significado traumático e o desencadeamento de afetos insuportáveis em relação ao adulto violentador. O que gostaríamos de enfatizar é que, frequentemente, a vítima não chega a procurar alguém para confidenciar o ocorrido porque se sente culpada. Assim, não se desenvolve o segundo tempo do trauma (Kupermann, 2016), o do testemunho. Nesses casos, consideramos que a vítima se desmente mesmo não tendo sido desmentida por outro. O analista bem-intencionado pode dizer a seu paciente que a culpa não foi sua, mas isto tudo traz importantes desafios clínicos: o paciente pode sentir que o analista está afirmando que o que ele sente e pensa não é real.

É essa ambivalência em relação ao agressor que nos ajuda a entender por que em alguns casos é tão difícil sair de um relacionamento abusivo. No caso de uma mulher adulta, essas circunstâncias também se colocam. Seu marido, a quem ela tanto ama, é aquele que quebrou seu braço, a humilhou, a quebrou por dentro. Por vezes não há desmentido – o marido assume que errou, chora e promete nunca mais fazer isso –, mas a cena se repete, e a esposa fecha os olhos acreditando que ele mudará, apesar das inúmeras evidências. Nesse contexto, é a vítima que Recusa a realidade de quem é seu marido e atenua o significado da violência sofrida: "foi só uma vez; é a bebida; eu falei muito alto"; essa é a parte que não admite a realidade psíquica. Em contrapartida, é por reconhecer o potencial violento do marido que uma esposa nessa situação pode vir a ser violenta com seus próprios filhos, desmenti-los, puni-los por questionarem ou irritarem o pai; pode, inclusive, impor um código de silêncio em casa para não ousar despertar o lado enlouquecido do agressor.

Esse código de silêncio também pode ser entendido como outro aspecto da identificação com o agressor, ligado ao pavor. Segundo Ferenczi (1933/1992b), em situações traumáticas em que a vítima está impedida de se salvar do perigo, ela teme protestar e piorar a violência a que está submetida ao despertar uma reação enlouquecida do agressor. O autor afirma que "esse medo, quando atinge seu ponto culminante, obriga-as a submeter-se automaticamente à vontade do agressor, a adivinhar o menor de seus desejos, a obedecer esquecendo-se de si mesma, e a identificar-se completamente com o agressor" (p. 117). A vítima então se amordaça, ou seja, silencia a parte ferida, porque é preciso deixar de sentir as próprias necessidades e criar formas de compreender como opera a mente do agressor para evitar desestabilizá-lo. Ainda segundo o autor, "o medo diante de adultos enfurecidos, de certo modo loucos, transforma por assim dizer a criança em psiquiatra; para proteger-se do perigo que representam os adultos sem controle, ela deve, em primeiro lugar, saber identificar-se por completo com eles" (p. 117).

Diante da extrema impotência, algumas vítimas se atribuem a responsabilidade por não terem evitado a situação, por vezes, em acusações muito violentas: "eu não devia ter esperado outra coisa; eu deveria ter sido mais esperta; eu me coloquei em perigo; não devia ter protestado; devia ter ficado quieta". A mulher agredida se cobra de tudo: tem que parar de chorar; parar de sentir; não mais reclamar e, por fim, se obriga a engolir a dor e o sofrimento, ser forte e seguir em frente. Desse modo, ela não oferece a si mesma a compaixão. Resulta que a parte inocente e ferida acaba não sendo reconhecida, acolhida e legitimada. Por isso afirmamos que mesmo que a vítima não seja desmentida por outra pessoa, ela desmente a si mesma, na medida em que se acusa e se violenta. E pode tratar outras vítimas como trata a si mesma, com acusação e crueldade.

Essa descrição explica a clivagem resultante da identificação com o agressor: uma parte se sente culpada, a outra se considera inocente. É isso o que se observa em vários casos de violência doméstica: um sentimento de culpa e um terror que aprisionam a vítima num cativeiro psíquico, não apenas num cativeiro físico. A questão é que o psiquismo da vítima é sequestrado pelos efeitos do trauma. E isso se agrava quando uma mulher é culpabilizada por outras, que dizem "quem mandou desobedecer ao seu marido; você estava pedindo para apanhar". Essas narrativas são exemplos do desmentido do trauma e da violência.

O desmentido

Sobre o desmentido, Ferenczi (1931/1992a) afirma:

> *O pior é realmente a negação, a afirmação de que não aconteceu nada, de que não houve sofrimento ou até mesmo ser espancado e repreendido quando se manifesta a paralisia traumática do pensamento ou dos movimentos; é isso, sobretudo, o que torna o traumatismo patogênico. Tem-se mesmo a impressão de que esses choques graves são superados, sem amnésia nem sequelas neuróticas, se a mãe estiver presente,*

> *com toda a sua compreensão, sua ternura e, o que é mais raro, uma total sinceridade. (p. 91)*

Segundo Ferenczi (1931/1992a), é o desmentido que torna o trauma patogênico. Não concordamos plenamente com essa afirmação; pensamos que o momento do indizível carrega um potencial tóxico para a vida inteira. Não é possível afirmar que uma violência sexual possa um dia se tornar um trauma estruturante, que possa ser totalmente liquidado, mesmo se houver uma escuta empática. A questão é que, mesmo sendo acolhida, e não desmentida, a vítima já está atravessada pela primeira experiência de agressão, a qual transforma toda a sua relação com o próprio corpo e com a sua sexualidade, entre outras dimensões. Frequentemente, uma escuta empática não basta para dissuadir a vítima do seu sentimento de culpa, que, como exploramos anteriormente, é complexo e resistente, mesmo diante das evidências da realidade. Consideramos que "ser estuprada" é um trauma e "ser desmentida" é um segundo trauma, com efeitos nocivos que se somam ao primeiro.

O desmentido envolve uma quebra de confiança e o resultado é uma quebra do senso de realidade, na medida em que a vítima passa a desconfiar de suas percepções, interpretações sobre o ocorrido e das vozes e dores que ecoam em seu mundo interno. Forma-se uma Recusa patológica, intersubjetiva, em que o significado do trauma é colocado em xeque e tornado irreal. É uma forma de silenciamento que viola a própria coesão do psiquismo, o que pode provocar a sensação de enlouquecimento. O desmentido confirma a fantasia de culpa, provocando uma confusão em que se apaga a diferença entre agressor e agredido: a vítima diz a si mesma, "você também quis, foi você que causou".

Todas essas narrativas sustentam o que se denomina cultura do estupro, discurso que estimula os desmentidos e a culpabilização da vítima, como no caso de Mariana Ferrer, em que a violência veio também daqueles que representam a lei. Em 2019, a jovem denunciou um empresário por tê-la estuprado, e o advogado do réu cometeu assédio moral contra ela durante a audiência (Calgaro, 2020). Ele começou dizendo que nas fotos de sua rede social ela assumia posições ginecológicas, mostrando imagens em que estava totalmente vestida, mas de pernas abertas. Ao mesmo tempo que condenou esse comportamento, o advogado acrescentou que ela era "muito bonita, por sinal". Isso equivale a dizer: "é você, mulher, que causa o desejo do estuprador".

Mariana retrucou: "Muito bonita, por sinal, o senhor disse, né? O senhor tem idade para ser meu pai, tinha que se ater aos fatos". Nesse momento, Mariana encontra forças para reagir. Então, o advogado a ofendeu diretamente: "Uma filha com teu nível? Graças a Deus, não. E, também, peço a Deus que meu filho não encontre uma mulher que nem você. Só falta uma auréola na cabeça. Não adianta vir com esse teu choro dissimulado, falso, e essa lágrima de crocodilo".

Perante a violência ocorrida durante a audiência, o juiz responsável não fez nenhuma objeção e foi conivente com a agressão, ainda que Mariana protestasse mais uma vez contra a forma como estava sendo tratada. O réu foi inocentado, mas o mais grave é que as instâncias que deveriam proteger a vítima acabaram se tornando agentes de uma nova agressão, na qual o silêncio diante da violência do promotor é como um desmentido que diz "não tem nada de mais acontecendo aqui". Após o ocorrido, a Câmara dos Deputados aprovou um Projeto de Lei (5.091/2020) que inclui na Lei de Abuso de Autoridade (13.869/2019) a violência institucional praticada por agente público. Essa mudança na Lei procura combater a retraumatização das vítimas de violência. A expressão "estupro culposo", cunhada pelo *The Intercept* (Calgaro, 2020), foi uma forma irônica de criticar a alegação do advogado de que o agressor a estuprou, mas sem intenção, pois a responsável, no fundo, teria sido ela mesma.

Transmissão

É preciso ponderar que o desmentido sofrido por um adulto pode ter efeitos diferentes do que aquele vivido por uma criança: depende do vínculo da vítima com aquele que a deslegitima. Quando vem de uma pessoa da qual se é dependente, em quem se confia, ou que representa uma figura de autoridade, por exemplo, o efeito pode ser muito mais forte do que quando vem de alguém sem um grande significado na vida da vítima.

Considerando todas essas dimensões que sustentam a cultura do estupro, ajudar uma mulher na elaboração de sua sexualidade e identidade pode ser fundamental para que ela perceba as diversas formas de violência de gênero e esteja menos vulnerável ao efeito do desmentido. Quem sabe isso não pode torná-la menos propensa a se culpabilizar, levando-a a reagir e denunciar a violência sofrida, assim como fez Mariana Ferrer. Poderá levá-la a dar apoio a outras vítimas para se libertarem de seus cativeiros psíquicos. Do contrário, é comum que uma mulher acredite no desmentido porque ele está em consonância com o discurso familiar e cultural que se tem escutado desde o berço.

Por isso é importante também a reflexão sobre as possibilidades e os limites de acolhermos nossas feridas entre mulheres. Algumas criticam um discurso que visa ao empoderamento da mulher, pois este pode se tornar opressor e alimentar um ideal inatingível. Por exemplo, a afirmação de que "mulher é forte, guerreira" e os *slogans* do Dia das Mães que as idealizam; isso não dá espaço para a mulher expressar sua vulnerabilidade e sua necessidade de ser cuidada, e apenas reforça o seu papel de cuidar. Existem manifestações culturais que buscam tirar a mulher desse imaginário de fragilidade, impotência e da posição de vítima, com o intuito de desvinculá-la de uma condição de inferioridade. Mas é preciso tomar cuidado para que isso não silencie os aspectos de sensibilidade e as dores singulares de cada uma. É necessário construir uma transmissão do "ser mulher" que a fortaleça na resiliência e na conquista de uma voz própria, mas não se pode exigir que a mulher seja uma superpotência, cobrar uma superação das feridas pela afirmação incondicional do narcisismo, o que pode também se tornar um mandato superegoico muito violento.

Se houver elaboração do trauma, ainda que não seja completamente superado, aí será possível sentir empatia e compaixão em relação às outras vítimas de violência. Se por um lado, no desmentido entre mulheres ocorre uma identificação entre elas pela culpa, por outro, o testemunho e o acolhimento entre elas permitem outros tipos de vínculos. É o que torna possível o surgimento de reparações sociais, o desvelamento das agressões e o cuidado entre mulheres, como ruptura de um ciclo de perpetuação da violência.

É esse lindo trabalho psíquico que se encontra no livro *Cartas para minha avó*, de Djamila Ribeiro (2021). A obra apresenta uma viva ilustração de situações de trauma, identificação com o agressor e desmentido entre mulheres – experiências que puderam ser elaboradas pela autora na medida em que ela escreve cartas para sua falecida avó, tecendo uma conversa sobre a sua reinterpretação da história familiar, inclusive sobre o racismo.

O livro revela as ressonâncias e os ecos da transgeracionalidade como um dos fatores que se deve levar em conta quando se fala de violência. Assim como a mãe e a avó da autora, muitas mulheres que tiveram experiências de violência sexual educam suas filhas com uma enorme repressão, justamente buscando evitar a repetição do trauma na próxima geração. Contudo, é em nome dessa intenção protetiva que elas acabam sendo extremamente severas e violentas com as jovens, censurando qualquer expressão da sexualidade, o que já favorece a instalação de um sentimento de culpa a priori, relacionado a pensamentos considerados por elas como "imundos". Antes ainda de essas jovens sofrerem abusos, já está armada a cena para que sejam culpabilizadas por si mesmas e pelos outros, como se elas tivessem transgredido a orientação parental e por isso merecessem a punição do Supereu.

Em suas cartas, Djamila Ribeiro revela um longo processo de elaboração e reconhecimento da violência que sua mãe e sua avó viveram e reproduziram. Ela reconhece ter tido um bom pai, mas afirma que sua mãe teve um péssimo marido. Nessa conversa, ela encontra espaço para a compaixão e o perdão das mulheres que vieram antes dela e dá chance à conquista de mais liberdade àquelas que virão depois, sobretudo liberdade interior.

Compreendemos que o cativeiro psíquico aprisionador das vítimas de violência é formado pela sobreposição de fatores intersubjetivos e intrapsíquicos. Os primeiros dizem respeito às relações da vítima com a cultura, a família e em especial o agressor. Já o aspecto intrapsíquico refere-se à dor e aos afetos despertados pelo trauma e aos processos de defesa contra eles, que acabam sendo preservados e sustentados pela própria vítima. É da interação entre esses fatores que se ergue uma intrincada organização patológica, sustentada por clivagens, desmentidos e Recusas, o que requer uma escuta ampliada para conversar simultaneamente com ambas as partes: a inocente e a culpada, a ferida e a dessensibilizada.

Por fim, uma interrogação: será que, ao orientar jovens a tomarem cuidado em situações de risco de violência sexual, não se está favorecendo a culpabilização das meninas, na boa intenção de protegê-las?

É uma pergunta muito importante para que a questão da transmissão geracional de preconceitos possa continuar a ser pensada e esse debate precisa continuar a existir. Por enquanto, ressaltamos a importância de ensinar as jovens a reconhecer as diversas formas de violência, e lhes dizer que nada justifica a agressão. No entanto, talvez o mais importante seja reconhecer que o desmentido é também uma forma de violência traumática, e ele segue muito presente. Por isso as mulheres de todas as idades e classes sociais precisam de *fóruns* confiáveis aos quais possam dirigir seus relatos, seja dentro da família, seja nas instâncias sociais mais amplas, um lugar onde possam ser ouvidas e ter seus direitos considerados. Este poderia ser pensado como um recurso a favor da elaboração do trauma, em contraposição ao desmentido. Contudo, é preciso reafirmar: não basta apenas combater o desmentido, mas também qualquer forma de violência que atinge as mulheres em toda a esfera pública, não apenas na privada.

Tal reflexão também precisa ser feita entre psicanalistas, independentemente do gênero, ao pensarmos sobre a transmissão da psicanálise nos centros de formação. É preciso um olhar crítico aos autores utilizados e a algumas afirmações que contribuem para uma visão de que a mulher é inferior ao homem, é masoquista ou qualquer outra atribuição restritiva e pejorativa. Isso não significa que se deve abandonar os textos desses autores, mas é fundamental fazer uma leitura crítica e implicada sobre os efeitos que esses pressupostos teóricos têm na escuta do psicanalista e que podem contribuir para a manutenção da violência contra a mulher, inclusive na sala de análise.

Referências

Bollas, C. (2015). *A sombra do objeto: psicanálise do conhecido não pensado*. Escuta. (Texto original publicado em 1987)

Calgaro, F. (2020, dez. 10)). Caso Mariana Ferrer: Câmara aprova projeto que torna crime a "violência institucional". *G1*.

Chreim, V. (2021). *Dimensões da Recusa*. Blucher.

Ferenczi, S. (1992a). Análise de crianças com adultos. In S. Ferenczi, *Psicanálise IV*. Martins Fontes. (Texto original publicado em 1931).

Ferenczi, S. (1992b). Confusão de língua entre os adultos e a criança. In S. Ferenczi, *Psicanálise IV*. Martins Fontes. (Texto original publicado em 1933)

Ferenczi, S. (1992c). Reflexões sobre o trauma. In S. Ferenczi, *Psicanálise IV*. Martins Fontes. (Texto original publicado em 1934)

Freud, S. (2014). O Fetichismo. In S. Freud, *Obras Completas* (Vol. XVII). Companhia das Letras. (Texto original publicado em 1927)

Freud, S. (2018). Compêndio de psicanálise. In S. Freud, *Obras Completas* (Vol. XIX). Companhia das Letras. (Texto original publicado em 1940[1938])

Kelley, D. E., & Gibson, M. J. (2022). *Anatomia de um escândalo* [Minissérie]. Netflix.

Kupermann, D. (2016). Trauma, sofrimento psíquico e cuidado na psicologia hospitalar. *Revista da SBPH, 19*(1), 6-20.

Ribeiro, D. (2021). *Cartas para minha avó*. Companhia das Letras.

5. A Recusa e as crenças: a dimensão narcísica da não admissão da castração[1]

Vanessa Chreim
Elisa Maria de Ulhôa Cintra

Enquanto mecanismo de defesa, por vezes a noção de Recusa é considerada uma contribuição teórica de incerta aplicabilidade, mas em nossa opinião trata-se de uma construção fundamental e de um fenômeno que se manifesta em todas as formas de subjetivação, como afirmou Freud em "Compêndio de psicanálise" (1940/2018c). A estreita relação entre Recusa e perversão já é amplamente difundida na bibliografia psicanalítica, no entanto, a dimensão das crenças descortina outra forma de manifestação da Recusa, presente em todas as organizações psíquicas. Portanto, a contribuição singular deste capítulo é indicar que a Recusa é um fenômeno muito mais frequente e relevante do que se supõe, tanto na teoria como na clínica psicanalítica.

---

1 Artigo publicado originalmente na *Revista Estudos Interdisciplinares em Psicologia, 11*(3supl.), 163-181, dez. 2020, derivado do mestrado *Dimensões da Recusa: crença, trauma e clínica* (Chreim, 2019b), realizado na Pontifícia Universidade Católica de São Paulo (PUC-SP) sob orientação da profa. dra. Elisa Maria de Ulhôa Cintra, financiado pelo Conselho Nacional de Desenvolvimento Científico e Tecnológico (CNPq).

Por meio do tema das crenças, abordaremos a especificidade da Recusa como mecanismo de defesa em sua função protetora, mas que também pode levar a adoecimentos psíquicos. Um dos efeitos da Recusa é a paralisação dos processos psíquicos, em que a fixação pode fazer com que as fantasias deixem de ser provisórias interpretações sobre o mundo e se tornem crenças irracionais, intransigentes e concretas. Nem todas as crenças são patológicas, no entanto, todas comportam algum nível de Recusa.

A Recusa e as crenças protegem o narcisismo contra tudo que o ameace, mas esse mecanismo de defesa pode levar ao sofrimento psíquico ao perturbar o senso de realidade e enrijecer o psiquismo. As transmissões inconscientes que fundam o psiquismo atravessam a herança narcísica e os modos de relação com o mundo, e podem estar ligadas à etiologia da Recusa e à decorrente cisão do Eu. Nesse sentido, abordamos a Recusa do ponto de vista intersubjetivo.

As alterações e deformações do Eu foram alvo de diversos textos de Freud, como "Observações adicionais sobre as neuropsicoses de defesa" (Freud, 1896/2023) e "Análise terminável e interminável" (Freud, 1937/2018a). No texto "Neurose e psicose" (Freud, 1924/2011d), o autor também indaga quais são as circunstâncias em que o Eu pode vir a se deformar, comparando e discernindo os processos de defesa da neurose e da psicose. Tais hipóteses são retomadas em "A perda da realidade na neurose e na psicose" (Freud, 1924/2011c), porém, especialmente a partir do estudo do fetichismo, Freud (1927/2014b) identifica um modo de funcionamento mental que serve como modelo para compreender a Recusa: o que caracteriza essa defesa é a formação de duas correntes psíquicas opostas e simultâneas, que levam à cisão do Eu (Freud, 1940/2018b). Assim, nos últimos textos da obra de Freud, a Recusa envolve a questão da relação com a realidade em todas as organizações psíquicas.

Embora todo processo de defesa promova alguma perturbação da relação do sujeito com a realidade, a Recusa distingue-se da repressão, uma vez que é mais radical e mutilante. A repressão se organiza a partir do conflito entre instâncias psíquicas, do qual resulta o sintoma neurótico, representando simbolicamente a oposição entre desejo e censura. Entretanto, na Recusa a dinâmica psíquica é outra: o conflito é intrainstância, ou seja, o Eu se torna o campo de batalha entre as forças psíquicas em questão, que se opõem quanto a admitir e não admitir a realidade. Tal distinção tópica é importante, pois a cisão do Eu decorrente da Recusa implica uma alteração estrutural que perturba o funcionamento psíquico em termos econômicos e dinâmicos. Faz-se necessária uma ampliação da escuta do psicanalista para além do modelo clínico da repressão.

A fim de conferir atualidade ao conceito, acompanhamos a evolução e a transformação da noção de Recusa ao longo da obra de Freud e estabelecemos um diálogo com autores contemporâneos. Alinhamo-nos à concepção de que a psicanálise contemporânea nasce de um pensamento transmatricial (Figueiredo & Coelho Junior, 2018), em que as leituras de diferentes linhas teóricas se suplementam, apesar de se apoiarem em diferentes pressupostos. Ainda que não possamos abarcar a totalidade do fenômeno, esse método possibilita abordar a complexidade da Recusa de forma mais ampla, articulando uma perspectiva intersubjetiva e intrapsíquica. Como afirma Ferraz (2010): "A recusa comporta, portanto, vários objetos, o que lhe confere faces variadas que, todavia, não lhe retiram a unidade conceitual" (p. 60).

O conceito de Recusa advém do termo em alemão *Verleugnung* e suas variações, consideramos, porém, que a falta de padronização na tradução contribui para a imprecisão da importância teórica e clínica em torno do tema. Por exemplo, a tradução como negação (e suas variações "denegação" ou "renegação") levou a uma confusão teórica importante. Segundo Freud (1925/2011f), a negação (*Verneinung*) é um processo psíquico envolvido no estabelecimento da função de julgamento e é a marca da ação da repressão. Por sua vez, a Recusa

(*Verleugnung*) tem o efeito contrário, uma vez que perturba o exercício do julgamento e suspende o teste de realidade, como veremos adiante. Portanto, optamos por traduzir o termo *Verleugnung* como Recusa e o grafamos com letra maiúscula para conferir-lhe o estatuto de um conceito – e não de um verbo. Por sua vez, em seus textos mais maduros sobre o tema, Freud também dá destaque ao conceito escrevendo *die Verleugnung*, "a Recusa", tratando o termo como um substantivo.

Raízes freudianas da Recusa

Autor de *Figuras da Recusa*, Penot (1992) estabelece três momentos da evolução conceitual da noção de Recusa na obra de Freud. De início, Freud não usa um termo específico, mas descreve o movimento defensivo da criança durante as suas investigações sobre a sexualidade, como observamos em "Sobre as teorias sexuais infantis" (Freud, 1908/2015a) e em "Análise de uma fobia em um menino de cinco anos" (Freud, 1909/2015b). A partir de "Conferências introdutórias à psicanálise" (Freud, 1916-1917/2014a), o termo *Verleugnung* passa a ser usado com frequência pelo autor para se referir ao ato psíquico de tratar uma percepção como impensável.

Nos textos "A organização genital infantil" (Freud, 1923/2011a) e "Algumas consequências psíquicas da diferença anatômica entre os sexos" (Freud, 1925/2011g), que abordam os meandros da sexualidade infantil e das questões fálicas, as variações do termo *Verleugnung* são empregadas para referir-se à reação normal diante da descoberta da diferença anatômica entre os sexos. Em "O problema econômico do masoquismo" (Freud, 1924/2011e), o termo reaparece nesse contexto infantil, mas ligado à noção de masoquismo erógeno. Finalmente, a partir de 1925, o autor passa a escrever *die Verleugnung* como um substantivo, elevando a Recusa à categoria de conceito. Isso se nota especialmente nos textos "O fetichismo" (Freud, 1927/2014b),

"Compêndio de psicanálise" (Freud, 1940/2018c) e "A cisão do Eu no processo de defesa" (Freud, 1940/2018b), os quais abordam aspectos patológicos de tal mecanismo defensivo, estendendo-o a outros quadros clínicos além do fetichismo.

A noção de *Verleugnung* está enraizada no contexto da descoberta infantil da diferença anatômica entre os sexos – mais precisamente, a reação do menino diante do impacto da visão da ausência de pênis na mulher. Sob influência da teoria sexual infantil do primado do falo, o menino não interpreta que está diante da presença de algo novo e diferente, mas deduz que havia algo ali que foi retirado. A conclusão é que as meninas foram punidas por meio da castração, o que desperta no menino o medo de vir a ser castigado também. É isso que, na obra de Freud, confere o caráter potencialmente traumático à descoberta da ausência de pênis nas mulheres. Nesse contexto, a Recusa intercede contra esse horror gerado pela fantasia infantil.

Vemos assim como a fantasia de castração está diretamente ligada à fantasia do primado do falo (Laplanche & Pontalis, 1967/2001), ou seja, à crença de que todos possuem um pênis. A interpretação da criança sobre sua experiência se dá sob a ótica dessa crença que não se transformou, o que a leva a conclusões inadmissíveis quanto à castração. Porém, em vez de promover a revisão da teoria sexual infantil, a Recusa gera duas realidades psíquicas antagônicas e simultâneas, uma que admite e outra que não admite a castração – sendo esta a particularidade desse mecanismo de defesa.

Nesse processo, a fantasia de castração é produzida, mas uma das correntes psíquicas recua horrorizada diante de suas deduções e se fixa no momento pré-traumático, impedindo o processamento das consequências psíquicas da descoberta. Mannoni (1969/1991) nos permite compreender essa dupla atitude ao cunhar o jargão da Recusa: "eu sei, mas mesmo assim". O "mesmo assim" expressa a sobrevivência da crença, apesar do que se apresenta na realidade.

Mas o que significa admitir a castração? Segundo Laplanche e Pontalis (1967/2001), esse fenômeno não diz respeito à realidade material, já que a castração é uma *fantasia*, uma vez que à mulher não falta um genital. Portanto, é importante enfatizar que a Recusa se refere à não admissão da *realidade psíquica*, ou seja, atua sobre o impacto afetivo de uma experiência.

Apoiando-nos em Freud, compreendemos que a castração se refere a uma dimensão inerente à condição humana em seu aspecto de incompletude. Essa condição de ter que se confrontar com a falta, a vulnerabilidade e a insatisfação se expressa no movimento sempre oscilante de presença e ausência do seio, da mãe, do pênis e de outros objetos. Em "A organização genital infantil", Freud (1923/2011a) escreve:

> *Já foi corretamente assinalado que a criança adquire a ideia de um dano narcísico por perda corporal ao perder o seio materno após mamar, ao depositar cotidianamente as fezes e mesmo ao separar-se do ventre da mãe no nascimento. Mas só devemos falar de um complexo da castração quando tal ideia de perda ficou ligada ao genital. (p. 173)*

Assim, podemos reservar o termo *complexo de castração* para as questões psíquicas envolvendo a fase fálica e a sexualidade infantil genital, mas considerar que as diferentes facetas da castração estão presentes desde o início da vida. Dessa forma, a castração se refere a tudo que ameaça de alguma forma o narcisismo e sua pretensa integridade, noção presente em "Introdução ao narcisismo" (Freud, 1914/2010a). Compreendemos, portanto, que a Recusa não atua apenas na fase fálica; pelo contrário, defendemos que se trata de um processo de defesa que opera contra outras angústias, entre elas a angústia de separação. Do mesmo modo, concebemos o fetichismo como um modelo de funcionamento psíquico que não se restringe às perversões sexuais.[2] Embora Freud tenha dado ênfase à anatomia no que diz respeito aos complexos de castração e aos complexos de Édipo feminino e masculino, a psicanálise contemporânea ampliou o alcance desses conceitos, ultrapassando a concretude do pênis-falo.[3] Essa perspectiva envolve uma noção simbólica de falo, como um objeto ou um lugar imaginário referido à perfeição do narcisismo.

Jean Clavreul (1990) oferece um olhar renovado à cena freudiana da descoberta da diferença anatômica entre os sexos, o que nos permite interpretá-la no sentido metafórico. O autor destaca as consequências psíquicas que dizem respeito à mudança de posição subjetiva da criança nessa passagem emblemática. Nesse contexto, a descoberta da diferença anatômica entre os sexos descortina para a criança diversos aspectos da castração e lhe demanda admiti-los e elaborá-los emocionalmente, o que implica uma série de feridas narcísicas.

Segundo Clavreul, a descoberta da diferença entre os sexos coloca a criança diante de uma encruzilhada, uma vez que refuta suas convicções anteriores. Descobre-se, então, que o saber é sempre transitório, já que a posição subjetiva da criança, anterior a essa experiência, repousava em um saber errôneo: a fantasia do primado do falo. Aquele que admite a castração tem que rever suas teorias sexuais e abarcar a possibilidade de "não saber". Somos levados à compreensão de que o saber é algo sempre a ser reformulado e jamais é absoluto. Na contramão desse processo, a Recusa transforma as fantasias em crenças, de modo que elas deixam de ser provisórias e permeáveis e

---

2 É o que observamos no caso do menino do cordão, paciente descrito por Winnicott (1971/1975) no primeiro capítulo de *O brincar e a realidade*, em que a brincadeira do paciente passa a adotar as características do fetichismo, abandonando a qualidade transicional do uso do cordão, como forma de negação da separação entre ele e sua mãe.

3 Essa concepção contemporânea contribui para as reflexões acerca das questões de gênero, no sentido da despatologização da transexualidade, tema desenvolvido no texto "A infância e o infantil: sexualidade e gênero" (Chreim, 2019a).

não aceitam ser reformuladas pelas experiências emocionais vividas. Desse modo, a Recusa impede a construção de novos sentidos, o que promove um enrijecimento do psiquismo.

Uma dessas crenças que custa a ceder é a da mãe fálica, ou seja, a crença na mãe onisciente e onipotente. Nessa medida, admitir a castração materna implica reconhecer que a mãe não é completa e perfeita, ou seja, ela não tem infinitas capacidades de reparação e não pode garantir segurança e satisfação plenas. Contra essas terríveis ameaças é que a Recusa se interpõe.

Entretanto, é a dimensão desejante que poderá transformar a fantasia de castração e tornará possível a simbolização e a elaboração das questões fálicas. É a relação do casal parental que permite à criança interpretar que a vagina não é a falta de pênis, mas a presença de algo diferente, que causa o desejo do pai. A novidade aqui é que a falta e a diferença se tornam motores do desejo: o que suaviza a perda da ilusão de completude narcísica é a possibilidade de encontrar diversos objetos de prazer.

Ao se dar conta de que não era o único objeto de desejo da mãe, a criança experimenta a perda dessa ilusão idílica em que ela e a mãe se completam e se defronta com a alteridade presente em todos os relacionamentos, nos quais nunca sabemos o que somos para o outro. Nesse processo, a criança se dá conta do desejo que a habita e então descobre que não sabe tudo sobre si mesma. Assim, compreendemos que admitir a existência do inconsciente é também uma forma de admitir a castração e de reconhecer a alteridade, como o outro de si mesmo, sobre o qual o sujeito tem pistas, mas não tem controle.

Essa perspectiva desenha um amplo leque de feridas narcísicas como consequências psíquicas da descoberta da diferença anatômica entre os sexos. Elas promovem uma báscula entre o tempo da suposta integridade narcísica e o tempo do reconhecimento das próprias incompletude e vulnerabilidade. Ao preservar a crença na mãe fálica, a

Recusa procura restaurar a ilusão de estarmos sempre protegidos narcisicamente em termos de perda de amor e ameaça de morte. Como afirma Aulagnier (2003), essa dimensão fundamental da Recusa está presente em todos nós.

Narcisismo: admissão e não admissão da castração

Vimos que admitir a castração provoca feridas narcísicas difíceis de serem superadas. Indagamos: o que favorece a admissão da castração? O que favorece a instalação da Recusa? Veremos que é necessário que haja suporte narcísico para que a castração não se torne inadmissível. O narcisismo, em todas as suas facetas, envolve um campo de ilusão que alude a promessas de completude e responde ao anseio de que nunca mais haja o encontro com a castração. Pinheiro (1999) afirma que a castração é somente admitida entre aspas, ou seja, desde que possa ser nutrida a expectativa de retornar a um estado de plenitude. Ela afirma: "essa temporalidade que traz embutida a finitude, a impotência, está no duro pacote da castração, mas é aceita sob a condição de que o passado seja de plenitudes e no futuro haja a segurança da 'felicidade'" (p. 32).

Nessa medida, a admissão da castração não pode envolver apenas perda, mas deve engendrar um movimento do sujeito para recuperar seus investimentos libidinais. Portanto, a castração só pode ser admitida se não comprometer a articulação de um campo de desejo e de ilusão, em que se pode fazer de conta ou almejar a não castração. Nesse contexto, a crença em uma promessa utópica pode não ser patológica: expressa uma almejada segurança narcísica que leva o sujeito a construir um lugar para si no mundo.

Esse campo de ilusão é criado numa relação intersubjetiva entre pais e filhos, numa ficção em que a criança vem como consolo para a castração dos genitores. Essa expectativa permite o voto narcísico no filho ansiado e a prospecção de seu futuro brilhante. Sobre a criança, Freud (1914/2010a) afirma:

> *Ela deve concretizar os sonhos não realizados de seus pais, tornar-se um grande homem ou herói no lugar do pai, ou desposar um príncipe, como tardia compensação para a mãe. No ponto mais delicado do sistema narcísico, a imortalidade do Eu, tão duramente acossada pela realidade, a segurança é obtida refugiando-se na criança. O amor dos pais, comovente e no fundo tão infantil, não é outra coisa senão o narcisismo dos pais renascido, que na sua transformação em amor objetal revela inconfundivelmente a sua natureza de outrora. (p. 37)*

Concluímos que existe uma promessa sedutora no narcisismo de que, se o sujeito satisfizer às expectativas que lhe foram endereçadas, ele voltará a ser amado como quando era um bebê. Nesse sentido, há sempre uma dimensão do narcisismo que aspira à não castração, ao retorno da plenitude, e tem traços incestuosos.

Essa dimensão de pertencimento narcísico pode oferecer uma pretensa garantia de amor. "Eu sei que não sou tudo para o outro, que as relações envolvem decepções e desamor, mas, mesmo assim, acredito que se eu satisfizer às expectativas do outro estarei assegurado de que ele não me abandonará". Nesse sentido, o que está em jogo na contestação das crenças é abrir mão das garantias ilusórias que elas oferecem como proteção, inclusive quanto ao desamparo afetivo.

De um lado, os desejos grandiosos dos pais projetados nos filhos são necessários para a constituição do psiquismo. Eles apontam na direção de um vir-a-ser, modelam a construção de um ideal a ser alcançado e mobilizam a preservação de uma imagem de si aos olhos dos outros. Do outro lado, é preciso que o sujeito possa se distinguir dos pais para ir em busca de seus próprios desejos.

As crenças protetoras

Ainda que Freud não tenha se dedicado a discutir a metapsicologia das crenças, podemos nos apoiar em Mannoni (1969/1991) para abordar a relação entre esse fenômeno e a Recusa. Segundo esse autor, o tema das crenças atravessa a obra freudiana sempre ligado ao termo *Verleugnung*. Assim, considera que a crença na mãe fálica, preservada pela Recusa, é o protótipo a partir do qual derivam todas as outras crenças, inclusive nas neuroses. Em seu texto "Eu sei, mas mesmo assim", Mannoni nos oferece diversos exemplos de crenças, como o mito do Papai Noel e outras tradições familiares.

Abordar a Recusa por meio das crenças, oferece-nos uma visão mais ampla de como esse mecanismo de defesa se manifesta em diversos quadros clínicos e mesmo na vida cotidiana. Evidentemente, há diferenças entre crenças derivadas do narcisismo primário, que são expressão de um funcionamento psíquico mais arcaico, e outras que alcançaram outro nível de simbolização e estão ligadas ao narcisismo secundário. Entretanto, em todas elas opera esse movimento defensivo sustentado pela Recusa, ainda que apareça com diferentes roupagens, inclusive na figura do pai totêmico, que frequentemente atravessa as crenças religiosas.

As crenças têm sempre a função de preservar o narcisismo de tudo que pode ameaçá-lo e sobrevivem para além da infância, especialmente diante da faceta da castração que mais nos ameaça: o desamparo afetivo, nossa finitude e nossa fragilidade. Prometem curar e eliminar as feridas narcísicas do passado, indenizar-nos das perdas, e oferecem uma ilusória garantia de um futuro sem sofrimento.

Em situações traumáticas, quando nos vemos expostos a grandes desamparos e incertezas, as crenças geram um alívio temporário do sofrimento que a realidade e as frustrações nos impõem. Podem oferecer um conforto, da mesma forma que a ideia de uma mãe fálica cria a sensação de se estar protegido dos males do mundo. Assim, as crenças têm a função de sustentar o senso de existência, que é muito importante para atravessar situações intensamente perturbadoras. Sabemos que a vida não é feita de certezas, mas nos reasseguramos ao acreditar que "vai dar tudo certo".

Na vida adulta, há diversas experiências que permitem notar a sobrevivência da crença no falo materno: são as superstições, o horóscopo e as coincidências, a telepatia, o xamanismo e até o prazer de ser bem enganado por um ilusionista. Todas essas crenças são formas de almejar a perfeição e a proteção narcísicas e de se defender da castração.

Mannoni (1969/1991) compreende que, ao contar histórias míticas a uma criança, o adulto a coloca no lugar do crédulo, ou seja, no lugar daquele que não sabe sobre os segredos da vida e por isso acredita no que lhe dizem. A história da cegonha ou da fada dos dentes visa prolongar a inocência infantil, adiando a tarefa de lidar com a sexualidade e com as perdas. Nesse sentido, a criança se torna a depositária das crenças, como se o adulto não admitisse a sua própria condição de crente, mas indiretamente expressasse sua nostalgia de um tempo de ignorância sobre a castração.

Na obra de Freud, o tema das crenças lança luz sobre a relação com a realidade no texto "O inquietante" [*Das Unheimliche*] (Freud, 1919/2010b), em que o autor aborda uma série de experiências nas quais o senso de realidade parece vacilar. O termo em alemão *Unheimliche* já foi traduzido como "inquietante", "estranho familiar" ou, ainda, "infamiliar", na tentativa de apreender esse sentimento do encontro com algo que parece muito estrangeiro e ao mesmo tempo muito conhecido. Enquanto nos oferece ricos exemplos cotidianos e literários em que é produzida a sensação de *Unheimliche*, Freud constrói uma série de hipóteses sobre as condições que criam essa sensação.

O autor não estabelece uma relação entre *Unheimliche* e Recusa, mas interroga se o retorno do recalcado é condição suficiente para provocar a vivência de *Unheimliche*. Conclui que tal sentimento é menos provocado pelo conteúdo do recalcado e mais pelo fato de que perturba o senso de realidade. Segundo Freud, "o efeito do inquietante é fácil e frequentemente atingido quando a fronteira entre fantasia e realidade é apagada, quando nos vem ao encontro algo real que até então víamos como fantástico" (p. 364).

Eis aqui outra diferença entre a negação (*Verneinung*) e a Recusa (*Verleugnung*): Freud (1919/2010b) faz uma distinção entre o retorno do recalcado e o retorno das antigas convicções abandonadas, que voltam a ter um efeito de assombro no sujeito. A negação (1925/2011f) se refere a uma ocasião em que o paciente não aceita que um conteúdo inconsciente que emergiu corresponda a seu desejo. Já a não admissão que está implícita na Recusa põe em jogo a validade da crença na realidade compartilhada. Propomos a seguinte distinção: o retorno do recalcado se expressa por meio da negação, enquanto o retorno do que foi alvo da Recusa se dá pela sensação de *Unheimliche*, a partir da reafirmação de crenças outrora superadas. Freud (1919/2010b) afirma:

> *Hoje não mais acreditamos neles, superamos tais formas de pensamento, mas não nos sentimos inteiramente seguros dessas novas convicções, as velhas ainda subsistem dentro de nós, à espreita de confirmação. Quando acontece algo em nossa vida que parece trazer alguma confirmação às velhas convicções abandonadas, temos a sensação do inquietante, que pode ser complementada pelo seguinte julgamento "Então é verdade que podemos matar uma outra pessoa com o simples desejo, que os mortos continuam a viver e aparecem no local de suas atividades anteriores!", e assim por diante. (p. 369)*

Assim, vemos claramente como Freud estabelece uma relação entre *Unheimliche* e crenças, embora nada afirme sobre a Recusa nesse texto de 1919. Mas, segundo Mannoni (1969/1991), essas crenças e convicções persistentes que não cedem, mesmo diante da realidade, são sustentadas pela Recusa: "Em análise, vemos frequentemente reações ou efeitos inesperados revelarem crenças irracionais, 'superstições', de que o sujeito não tem consciência, mas que não estão recalcados; não podemos torná-las manifestas triunfando sobre uma resistência, elas são, antes, inconsistentes, fugidias, inacessíveis" (p. 195).

A experiência de *Unheimliche* remete aos aspectos em nós que são como almas penadas ou mortos-vivos, como se de repente nossas fantasias assassinas, nossos anseios onipotentes e tudo aquilo que habita nosso imaginário pudesse se concretizar. Freud (1919/2010b) destaca que as convicções primitivas e as crenças estão enraizadas nos complexos infantis e em diversos aspectos do narcisismo primário, como o animismo e as formas de pensar primitivas, que reaparecem nas experiências de *Unheimliche*. Se resgatarmos a ideia de um naufrágio[4] do complexo de Édipo, podemos imaginar quão assombroso é quando aquilo que supúnhamos estar no fundo do mar de repente emerge e passa a navegar em alto-mar como um navio-fantasma. Talvez seja por isso que vejamos com tanta frequência a figura dos zumbis na clínica com crianças.

As crenças e as tradições que circulam no seio familiar oferecem suporte para atravessar as adversidades de um contexto ameaçador, na medida em que contêm saberes sobre o enfrentamento de traumas. Desse modo, essa transmissão que conecta o coletivo ao singular pode favorecer o processo de elaboração e representação, a partir da identificação com um modelo, o que também gera um senso de pertencimento e segurança. Nesse sentido, as crenças podem ser

4 Segundo Paulo César de Souza, o termo *Aüflosung* pode ser traduzido como "dissolver" ou "desintegrar", enquanto o termo *Untergang*, presente no título do texto "A dissolução do Complexo de Édipo" (Freud, 1924/2011b), pode significar ruína, naufrágio, ocaso, poente (pôr do sol), destruição.

antitraumáticas. No entanto, essas mensagens também podem ser formadas por enunciados muito inflexíveis e severos, como a célebre recomendação de que não se deve demonstrar fraqueza e vulnerabilidade. Em alguns contextos, essa atitude é útil e protetora, entretanto, se for tomada como regra para a vida toda, pode levar a uma dissociação em relação aos próprios sentimentos. Vemos então como as crenças irracionais e incontestáveis, sustentadas pela Recusa, podem levar à não admissão da realidade psíquica.

As crenças aprisionadoras

Até então, abordamos aspectos das crenças em sua função defensiva ante o duro pacote da castração, sustentando ilusões que oferecem alívio e protegem o narcisismo. Mas, ao abordarmos o tema da *Unheimliche* como uma experiência que faz balançar o senso de realidade, aproximamo-nos de um aspecto da Recusa que diz respeito à não admissão da realidade psíquica. Portanto, passamos a nos embrenhar pelo campo do sofrimento e do adoecimento psíquico.

Penot (1992) compreende que a vivência de *Unheimliche* pode ser considerada como o primeiro sinal clínico da Recusa, que se manifesta como a terrível sensação de irrealidade. Quando ressurge uma crença que põe em xeque suas outras formas de interpretar o mundo, o sujeito não sabe mais em qual das duas versões de realidade ele deve acreditar. Trata-se de uma crença que, mesmo contestada pela realidade, persiste ecoando com força no psiquismo.

Esse é um efeito da atitude dividida da Recusa, em que as duas correntes psíquicas antagônicas se tratam como externas, no sentido de que o mundo interno e o exterior se confundem, e não se pode discriminar com clareza o que é fantasioso e o que é parte da realidade compartilhada. Nesse contexto, o teste de realidade não funciona mais. Esse vacilar do senso de realidade pode causar um importante sofrimento psíquico na vivência de *Unheimliche*, em que o sujeito fica dividido entre dar crédito a novas conclusões emocionais ou a crenças e antigos enunciados sobre si mesmo.

A perspectiva de Penot (1992) nos revela que um dos efeitos da Recusa é desapropriar o paciente de suas próprias experiências emocionais, pois são constantemente desmentidas, invalidadas ou postas em dúvida por crenças irracionais que persistem e que não se deixam questionar. É como uma voz interna que diz ao sujeito que aquilo que ele sente e pensa é irreal, o que o leva a duvidar de suas próprias percepções a respeito do que vivencia.

Esse autor nos propõe uma perspectiva intersubjetiva a respeito da etiologia da Recusa e das crenças aprisionadoras, relacionando-as com as transmissões familiares que permeiam e constituem o campo do narcisismo. Penot destaca que a relação que construímos com a realidade, com nosso próprio corpo e com o outro é atravessada pela especularidade. A constituição de nossa própria identidade é atravessada por diversos enunciados a respeito do mundo. A mortalidade, as perdas e as separações, o envelhecimento, o desconhecido e a relação com o estrangeiro, com o saber e com a ignorância – todas essas facetas relacionadas à castração estão presentes nos discursos da família e do grupo social.

Essas crenças irracionais aprisionadoras derivam de fantasmas, medos e traumas que permeiam a história familiar, mas que não puderam ser elaborados. Penot entende que as mensagens narcísicas que a história familiar carrega estão atravessadas por não ditos, não pensados ou, ainda, por idiossincrasias incompreensíveis. Frequentemente, há experiências de violência que marcam uma família ou grupo social de tal forma que continuam se expressando, mas sem representação. Nesse contexto, essas convicções e essas crenças são formas rígidas de reação ao passado traumático, como se ele ainda estivesse acontecendo. Perante esses conteúdos indigestos, o psiquismo se defende por meio da Recusa, cristalizando-os. Dessa forma, não podem ser reinterpretados e abertos à construção de novos sentidos e, portanto, adquirem o estatuto de verdades absolutas ou crenças imaginárias, que assombram o psiquismo.

O caso Jeanne, descrito por Penot (1992) em *Figuras da Recusa*, elucida com profundidade esse aspecto. Trata-se de uma paciente que acredita que seu genital é diferente do genital de outras mulheres e é tomada pela compulsão voyeurista de examinar seu corpo. Tal vivência de *Unheimliche* condensa o estranho familiar indigesto da condição cultural de seus pais enquanto estrangeiros. No relato de Penot, podemos observar de que modo a herança narcísica de Jeanne é atravessada pelo inconsciente de seus pais e por suas próprias dificuldades de elaboração. Delineia-se que a ação da Recusa está ligada a uma transmissão familiar ambígua e contraditória sobre o que significa ser mulher.

Todos herdamos uma bagagem narcísica, mas é preciso contrapô-la a outras experiências, em um movimento dialético que permita a construção de interpretações e ideais próprios. Esse movimento envolve representação, elaboração, questionamento e simbolização do que é transmitido, permitindo a transformação de um constructo rígido em um pensamento vivo e dinâmico. Dessa forma, mantém-se o vínculo simbólico com a herança familiar, mas há espaço para a criação.

Mas essa travessia pode ser muito custosa, uma vez que, em alguns meios sociais, a contestação de crenças pode levar à exclusão do grupo e ao isolamento. Ao romper com esses fortes ideais prescritos, o sujeito perde a proteção do Supereu e tem de se defrontar com a ameaça do desamparo afetivo, da desfiliação e da solidão. Esse questionamento das crenças requer uma reedição da trama narcísica em que se apoiou para construir o senso de si mesmo. Essa travessia é possível quando se encontram outros olhares e relações em que o sujeito se reconhece, e em que suas percepções e seus sentimentos são validados. Sem essa sustentação, o sujeito fica órfão.

As crenças intransigentes derivadas da Recusa também derivam de experiências atuais de violência física ou psíquica. A Recusa se instala nessas situações como forma de defender o psiquismo do choque traumático e cria a ilusão de que nada aconteceu, por meio da não admissão da realidade psíquica, para que não sejam despertados afetos insuportáveis. Ferenczi (1932/2011b) descreve que, no momento traumático, a vítima entra em um estado de transe que leva a uma clivagem, como se o sujeito se desligasse de si mesmo para não sentir a dor do momento.

Nessa situação descrita por Ferenczi, compreendemos que opera a função defensiva da Recusa, ao interromper os processos psíquicos que despertariam afetos insuportáveis. Trata-se de uma tentativa emergencial e desesperada de proteger o psiquismo do impacto emocional imediato. Entretanto, esses elementos que não puderam encontrar ligações psíquicas continuarão como algo tóxico, da ordem do impensável.

Mas a situação se agrava quando há um desmentido. Como proposto por Ferenczi (1932/2011b), trata-se do ato de deslegitimar o relato de um evento traumático, por exemplo, quando um adulto diz a uma criança que ela imaginou ou causou o abuso sexual que sofreu. A criança passa a duvidar de suas próprias conclusões sobre o ocorrido e não confia mais em suas próprias percepções. Frequentemente isso ocorre também em situações de violência contra a mulher, em que ela se culpa por ter despertado a ira do companheiro. O desmentido é mais uma forma de desapropriar o sujeito de suas próprias experiências emocionais: ao incorporar o discurso do outro, a vítima internaliza um dogma de uma voz interna que reforça a crença de que foi ela a responsável pelo evento traumático.

É importante destacar que, no momento da violência, a Recusa opera como uma defesa antitraumática, como um anestésico emergencial, mas posteriormente é preciso que a experiência possa ser admitida e processada. No entanto, quando ocorre um desmentido por parte do outro, a ação da Recusa (quanto à não admissão da realidade psíquica) é perpetuada e leva ao adoecimento psíquico. Na medida em que o desmentido confere irrealidade às representações da experiência traumática, ele impede a elaboração do trauma. Portanto, concordamos com Ferenczi (1931/2011a): o desmentido é que torna o trauma patogênico.

O filme *Confiar* (Schwimmer, 2010) ilustra muito bem esses aspectos: retrata a reação de uma adolescente ao abuso sexual sofrido. Sua reação inicial é afirmar que não houve abuso, sentindo-se, de certo modo, lisonjeada por ter tido uma relação sexual com um homem adulto, como o agressor lhe fez crer. Como um perverso, o abusador lançou mão de um desmentido que seduz a vítima a consentir a relação sexual, exercendo sobre ela uma violência psíquica, além da física.

Mesmo quando a família e os amigos reconheciam o abuso e a violência, persistia nela a crença de que era uma garota sedutora, o que envaidecia seu narcisismo e a protegia de entrar em contato com as fortes emoções que seriam desencadeadas pelo reconhecimento do trauma. Em busca de certezas confortadoras e asseguradoras, o psiquismo pode ficar imobilizado pelas crenças e tornar-se incapaz de desenvolver um pensamento crítico. É apenas no contato com uma profissional da saúde que a adolescente em questão reconhece que foi abusada. Nesse momento, quando o transe e a ação da Recusa são suspensos, a violência do que ela viveu a invade com muita intensidade, mas finalmente ela pode atribuir sentido à experiência traumática.

Se por um lado as crenças podem oferecer conforto em momentos de aflição, por outro, a repetição de experiências traumáticas pode gerar uma crença desesperançada. Nesse sentido, Figueiredo (2008) aborda a Recusa da utopia em pacientes traumatizados, que se defendem de uma esperança nascente de encontrar um objeto que os ajude na superação e na elaboração de traumas. Fechados à alteridade, esses pacientes se blindam do inesperado do futuro, sustentando a crença de que toda nova relação repetirá o fracasso do passado. Desse modo, nutrem essa convicção a fim de se proteger dos riscos de esperançar por uma vida melhor, temendo reconfortar-se num colo que poderá deixá-los cair novamente.

Apesar das inúmeras provas da confiabilidade na relação com o analista, o paciente continua esperando ser abandonado ou ferido. Diante de qualquer mínimo sinal de falha do analista, o paciente pensa: "Afinal eu estava certo, não devia ter confiado no meu analista". São crenças à espera de uma confirmação. Este é um dos importantes desafios clínicos envolvendo a Recusa: a duplicidade de realidades psíquicas persistirá em alguma dimensão, apesar do avanço da análise. Afinal, como afirma Freud (1940/2018b), a cisão do Eu pode ser remendada, mas não pode ser desfeita.

Por sua vez, Cintra (2004) pondera que, quando as crenças são transformadas, podem gerar maior disponibilidade para a alteridade e para o inesperado, recuperando a esperança no futuro e restaurando a função da utopia. Desde que possam ser revistas e reformuladas a partir das próprias experiências de superação de traumas, as crenças podem nutrir a confiabilidade nos objetos internos e externos para superar as adversidades inerentes ao viver. Isto é o que podemos chamar de fé: recupera-se a confiabilidade do ambiente e a própria capacidade de pedir e receber ajuda; isso pode acontecer de forma independente da fé religiosa.

Considerações finais

A partir de uma perspectiva ampla, que inclui fenômenos cotidianos, mas também aborda formas de adoecimento psíquico, é possível vislumbrar de que modo a Recusa se manifesta em diferentes formas de subjetivação. Por meio da dimensão das crenças, podemos apreender a função defensiva e paradoxal da Recusa. Defensiva porque a crença na mãe fálica, com todas as garantias narcísicas que ela promete, é necessária à constituição psíquica, enquanto não se tem condições de lidar com o pacote da castração. Da mesma forma, a Recusa é protetora quando o psiquismo não tem condições de administrar as intensidades afetivas de experiências traumáticas. Mas esse mecanismo de defesa é paradoxal, porque protege o psiquismo às custas de uma cisão do Eu e leva à paralisação dos processos psíquicos.

A persistência da Recusa e das crenças na vida adulta nos revela que as facetas da castração nunca deixam de ameaçar nosso narcisismo e, por vezes, chegam a nos imobilizar. Nesse sentido, a relação entre admissão e não admissão da castração pode produzir adoecimentos psíquicos, mas também pode se articular de modo a criar um campo de desejo e esperança. É essa última condição que nos permite seguir investindo na vida, questionando a rigidez de discursos e crenças e apostando em grandes empreendimentos narcísicos, mesmo sabendo que haverá riscos, perdas e dores inevitáveis.

Então, a relação entre Recusa e crenças nos permite reafirmar a hipótese freudiana de que a Recusa é um mecanismo de defesa presente em todas as formas de subjetivação e destacar que se trata de um fenômeno muito mais presente na clínica do que se supõe. Portanto, embora ainda seja um conceito pouco difundido entre os psicanalistas, podemos constatar a importância da noção de Recusa para a ampliação da escuta psicanalítica.

Referências

Aulagnier, S. P. (2003). A perversão como estrutura. *Revista Latinoamericana de Psicopatologia Fundamental*, 6, 43-69.

Chreim, V. (2019a). A infância e o Infantil: sexualidade e gênero. In P. Ceccarelli et al., *Psicanálise, sexualidade e gênero: um debate em construção*. Zagodoni.

Chreim, V. (2019b). *Dimensões da Recusa: crença, trauma e clínica* [Dissertação de mestrado]. Pontifícia Universidade Católica de São Paulo, São Paulo.

Cintra, E. M. U. (2004). A questão da crença versus a questão da fé: articulações com a Verleugnung freudiana. *Psicologia em Revista, 10*, 43-56.

Clavreul, J. (1990). O casal perverso. In J. Clavreul et al., *O desejo e a perversão*. Papirus.

Ferenczi, S. (2011a). Análises de crianças em adultos. In S. Ferenczi, *Psicanálise IV*. Martins Fontes. (Texto original publicado em 1931)

Ferenczi, S. (2011b). Confusão de língua entre os adultos e a criança. In S. Ferenczi, *Psicanálise IV*. Martins Fontes. (Texto original publicado em 1932)

Ferraz, F. C. (2010). *Tempo e ato na perversão*. Casa do Psicólogo.

Figueiredo, L. C. (2008). *Psicanálise: elementos para a clínica contemporânea*. Escuta.

Figueiredo, L. C., & Coelho Junior, N. E. (2018). *Adoecimentos psíquicos e estratégias de cura: matrizes e modelos em psicanálise*. Blucher.

Freud, S. (2010a). Introdução ao narcisismo. In S. Freud, *Obras Completas* (Vol. XII). Companhia das Letras. (Texto original publicado em 1914)

Freud, S. (2010b). O inquietante. In S. Freud, *Obras Completas* (Vol. XIVX). Companhia das Letras. (Texto original publicado em 1919)

Freud, S. (2011a). A organização genital infantil. In S. Freud, *Obras Completas* (Vol. XVI). Companhia das Letras. (Texto original publicado em 1923)

Freud, S. (2011b). A dissolução do Complexo de Édipo. In S. Freud, *Obras Completas* (Vol. XVI). Companhia das Letras. (Texto original publicado em 1924)

Freud, S. (2011c). A perda da realidade na neurose e na psicose. In S. Freud, *Obras Completas* (Vol. XVI). Companhia das Letras. (Texto original publicado em 1924)

Freud, S. (2011d). Neurose e psicose. In S. Freud, *Obras Completas* (Vol. XVI). Companhia das Letras. (Texto original publicado em 1924)

Freud, S. (2011e). O problema econômico do masoquismo. In S. Freud, *Obras Completas* (Vol. XVI). Companhia das Letras. (Texto original publicado em 1924)

Freud, S. (2011f). A negação. In S. Freud, *Obras Completas* (Vol. XVI). Companhia das Letras. (Texto original publicado em 1925)

Freud, S. (2011g). Algumas consequências psíquicas da diferença anatômica entre os sexos. In S. Freud, *Obras Completas* (Vol. XVI). Companhia das Letras. (Texto original publicado em 1925)

Freud, S. (2014a). Conferências introdutórias à psicanálise. In S. Freud, *Obras Completas* (Vol. XIII). Companhia das Letras. (Texto original publicado em 1916-1917)

Freud, S. (2014b). O fetichismo. In S. Freud, *Obras Completas* (Vol. XVII). Companhia das Letras. (Texto original publicado em 1927)

Freud, S. (2015a). Sobre as teorias sexuais infantis. In S. Freud, *Obras Completas* (Vol. VIII). Companhia das Letras. (Texto original publicado em 1908)

Freud, S. (2015b). Análise da fobia de um menino de cinco anos ("O pequeno Hans"). In S. Freud, *Obras Completas* (Vol. VIII). Companhia das Letras. (Texto original publicado em 1909)

Freud, S. (2018a). Análise terminável e interminável. In S. Freud, *Obras Completas* (Vol. XIX). Companhia das Letras. (Texto original publicado em 1937)

Freud, S. (2018b). A cisão do Eu no processo de defesa. In S. Freud, *Obras Completas* (Vol. XIX). Companhia das Letras. (Texto original publicado em 1940)

Freud, S. (2018c). Compêndio de psicanálise. In S. Freud, *Obras Completas* (Vol. XIX). Companhia das Letras. (Texto original publicado em 1940)

Freud, S. (2023). Observações adicionais sobre as neuropsicoses de defesa. In S. Freud, *Obras Completas* (Vol. III). Companhia das Letras. (Texto original publicado em 1896)

Laplanche, J., & Pontalis, J.-B. (2001). *Vocabulário da psicanálise.* Martins Fontes. (Texto original publicado em 1967)

Mannoni, O. (1991). Eu sei, mas mesmo assim. In C. M. Katz (Org.), *Psicose.* Escuta. (Texto original publicado em 1969)

Penot, B. (1992). *Figuras da Recusa: aquém do negativo.* Artes Médicas.

Pinheiro, T. (1999). Em busca de uma metapsicologia da melancolia. In J. Birman (Org.), *Sobre a psicose.* Contracapa.

Schwimmer, D. (Diretor). (2010). *Confiar* [Filme]. Millennium Films.

Winnicott, D. W. (1975). Objetos transicionais e fenômenos transicionais. In D. W. Winnicott, *O brincar e a realidade.* Imago. (Texto original publicado em 1971)

6. Trauma e Recusa: os cativeiros psíquicos[1]

Vanessa Chreim

A Recusa é um mecanismo de defesa que vem ao socorro do psiquismo em situações traumáticas, promovendo uma blindagem afetiva que amortece o choque das experiências de violência física ou psíquica. O filme *O Quarto de Jack* (Abrahamson, 2015) nos permite vislumbrar diferentes manifestações da Recusa nos personagens, não apenas as patogênicas, como no desmentido (Ferenczi, 1931/2011a), mas também as saudáveis, que viabilizam a sobrevivência da esperança e um grau de afastamento da realidade psíquica ao anestesiar uma dor emocional insuportável.

Embora se trate de uma obra de ficção, esse filme tem um grande valor ilustrativo dos efeitos protetivos da Recusa, bem como do sofrimento psíquico desencadeado quando ela falha, pois o retorno do que foi alvo da defesa vem com toda a sua toxicidade. É justamente este o desafio que o analista encontra ao se deparar com as manifestações da Recusa na clínica: como dar suporte ao paciente para que possa flexibilizar suas defesas? Pretendo traçar reflexões sobre o delicado atendimento de pacientes severamente traumatizados, tendo

1 Este capítulo deriva originalmente de uma apresentação no evento "Cine LiPSiC – A recusa e o traumático: um debate a partir do filme *O Quarto de Jack*", em 2023, e reproduz as ideias apresentadas pela autora na 14ª Conferência Internacional Sándor Ferenczi, em 2024, na comunicação oral intitulada "Trauma e cativeiros psíquicos".

em vista que será atravessado por penosos momentos de reação terapêutica negativa (Freud, 1923/2011a): ou seja, momentos em que o quadro clínico piora, justamente porque o paciente alcançou uma maior proximidade com sua realidade psíquica dolorosa.

O Quarto de Jack conta a história de Joy, uma adolescente que foi sequestrada, estuprada e mantida em cativeiro por sete anos. Nesse período, a jovem deu à luz seu filho Jack, e transmitiu-lhe uma versão da realidade que só existia entre eles, para que o filho de 5 anos não percebesse a situação de violência e perigo. No quarto em que viviam (*Room*, em inglês), Joy vai contando ao filho sobre coisas do mundo real e coisas que não existem: essa forma de apresentar a vida permitia transmitir aspectos da cultura e de sua própria relação com a realidade, mas sob um manto de ficção, de modo que Jack podia aprender sobre elas ainda que não fossem consideradas reais.

O filme não aborda apenas o tempo em que estiveram sequestrados, mas também a fuga bem-sucedida e a difícil saída desse quarto, que para Joy era uma prisão, mas para Jack era a única realidade que conhecia até então. Como eles puderam preservar o vínculo entre mãe e filho quando passaram a viver realidades tão diferentes? Essa é a beleza do filme: a força do laço entre eles *antes* da saída do cativeiro e a possibilidade de encontrar continência em outras pessoas *fora* do quarto parecem ter sido determinantes para a superação traumática.

Metade do filme se passa no cativeiro, e a outra metade fora dele, permitindo-nos ver os mecanismos de defesa de forma dinâmica, bem como as imensas dificuldades de elaborar o trauma *mesmo* após estarmos em segurança e num vínculo de confiança, como na relação analítica. Por vezes a defesa é tão rígida que a armadura se torna uma armadilha, um cativeiro psíquico. Mas quando a Recusa falha, ou cede, o conteúdo insuportável precisa ser elaborado. Por isso, a saída do quarto teve significados completamente diferentes para Jack e Joy. O menino precisou costurar a ilusão anterior com essa nova versão de mundo e reinterpretar tudo o que viveu, inclusive o fato de que sua mãe lhe mentia, enquanto para Joy é o momento de lidar com uma dor psíquica enorme. São diferentes traumas e diferentes Recusas: quando saem, Jack tem muito mais abertura para o novo mundo, porque teve um outro zelando por ele.

O filme serve como disparador de uma complexa reflexão a respeito dos processos de defesa contra o trauma e em que circunstâncias podem aprisionar o sujeito. É lógico que *O Quarto de Jack* é apenas um filme: como analistas, sabemos que o impacto traumático de uma situação de sequestro e estupro é muito maior do que aquele que é representado no filme. Mas, ainda assim, ele tem um valor cultural na medida em que ilustra as tentativas de cuidado de uma mãe com seu filho e seus esforços por realizar uma proteção antitraumática sem, contudo, enclausurar o psiquismo da criança. Nesse sentido, nos permite refletir sobre os desafios atuais da parentalidade, que é atravessada pelo desejo dos pais de proteger seus filhos de sofrimentos, frustrações, traumas e feridas narcísicas que eles mesmos viveram, como descreve Freud em "Introdução ao narcisismo" (1914/2010), mas que pode se tornar aprisionador.[2]

Foi a cocriação dessa realidade do quarto que lhes permitiu um afastamento da dor psíquica e a sustentação da esperança, num vínculo que se torna fonte de resiliência para ambos, inclusive fora do cativeiro. O que importa não é apenas a realidade objetiva, mas a realidade do vínculo de confiança entre mãe e filho, que nunca é livre de ambivalência, mas que é suficientemente bom em atender às necessidades da criança (Winnicott, 1971/1975). É com esses objetos internos consolidados que podemos contar em situações traumáticas, porque foi com eles que aprendemos a superar angústias, elaborar perdas, desenvolver a capacidade de pensar e aprender com a experiência (Bion, 1962/2014), e criar tantos outros recursos internos para lidar com as

2 Sobre este tema, ver Capítulo 5 – A Recusa e as crenças: a dimensão narcísica da não admissão da castração.

adversidades da vida. Reviver nas relações atuais algo semelhante ao vínculo de confiança que tivemos com os objetos primários pode criar uma abertura psíquica para o novo, o imprevisível e a alteridade.

Quando saíram do cativeiro, o médico disse a Joy: "Ainda bem que você conseguiu sair de lá enquanto ele era plástico", falando sobre Jack. Mas a questão é que a plasticidade, a criatividade, a flexibilidade de uma criança são construídas no vínculo com seus cuidadores, e não apenas pelo tempo de amadurecimento biológico do cérebro. Podemos pensar na palavra *Room*, que em português significa "quarto", mas também "espaço": Jack parece ter desenvolvido um espaço psíquico rico e complexo, de modo que o quarto concreto pôde ser abandonado pelo menino porque a relação com o mundo foi metaforizada.[3]

Apesar do contexto traumático, o quarto de Jack era um mundo de transformações psíquicas, em que a ilusão criada por sua mãe garantiu a manutenção do trabalho do sonhar e do brincar. Esses recursos psíquicos são fundamentais para poder processar a experiência traumática, simbolizá-la, historicizá-la, e flexibilizar os processos de defesa.

Por sua vez, cuidar de Jack permitiu a Joy uma Recusa temporária de sua dor, seu medo e seu desespero enquanto vivia em cativeiro. Sustentar o campo de ilusão para Jack demandava dela um enorme trabalho psíquico; e o menino, que parece dividido entre querer e não querer saber sobre as incoerências do discurso da mãe, a surpreendia com perguntas importantes. Ela tentava dar desculpas, mas, quando se via sem resposta ou sem paciência, gritava e desmentia[4] o filho, impondo um silenciamento violento, o que pode

---

3 É o mesmo que acontece com os objetos transicionais: eles são deixados de lado porque perdem sua função, já que todos os outros campos de relação do sujeito adquirem propriedades transicionais (Winnicott, 1971/1975).

4 O desmentido, segundo Ferenczi (1931/2011a), envolve a invalidação do relato de uma vítima de violência, o que tem efeitos devastadores, como será visto adiante no

ser pensado como um importante efeito patogênico oriundo da ilusão criada dentro do cativeiro.

Uma Recusa porosa

O senso de realidade de uma pessoa se compõe no cruzamento entre dimensões intrapsíquicas e intersubjetivas. Os estímulos sensoriais chegam ao aparelho psíquico de fontes diferentes, mas a forma como são interpretados é determinada por diversos fatores: a vida pulsional, o psiquismo dos seus pais, a cultura, a sensibilidade perceptiva de cada corpo. É preciso pensar que o processo perceptivo não é estanque e objetivo, e sim um movimento subjetivo em que o olhar recorta o mundo a partir de suas próprias sensibilidade e fantasias. O esquimó, por exemplo, é capaz de ver diversos tons de branco, porque acumulou uma série de experiências em que distinguir uma variante da outra é muito relevante: a diferença entre o branco da neve e o branco do pelo de um urso polar pode ser vital. O mundo de Jack se fundou a partir da relação com sua mãe, mas também apoiado em um movimento de interpretação pessoal da realidade, que por vezes entra em conflito com o que ela afirma. Isso é assim para todas as crianças, que vão formando uma concepção do mundo a partir das suas sensações, de seu arcabouço simbólico, e se descolando da palavra dos pais para poder formar seus próprios enunciados.

Podemos pensar que Joy sustentou uma Recusa porosa para o filho em vários aspectos. Primeiro, porque ela transmite uma versão da realidade cunhada em sua própria subjetividade, forjada fora do cativeiro, não apenas dentro: tudo o que ela viveu antes daquele trauma e daquele contexto de aprisionamento faz parte de quem ela é. Além do que ela conta ao filho, consciente e verbalmente, há sempre uma

---

texto. Para um aprofundamento sobre o conceito, ver Capítulo 1 – A *Verleugnung* em Freud e em Ferenczi.

forma de transmissão inconsciente intersubjetiva, que conta histórias de outras coisas que existem, que estão inscritas em algum lugar do psiquismo dela, e logo no dele, ainda que de forma rudimentar e enigmática, como nas criptas[5] (Abraham e Torok, 1987/1995) e outras formas de registro psíquico aquém da simbolização.

Certamente, o aparelho psíquico não pode deixar de receber estímulos perceptivos no contato com a realidade, mas a nossa cabeça dá um jeito de não entrar em contato com o que ela significa: "*Mind over matter, if you don't mind, it doesn't matter*".[6] Essa é a receita enunciada por Joy a seu filho para proteger o psiquismo dele num contexto traumático e de enorme impotência. Ela apresenta uma realidade para Jack que sem dúvida não é parte da realidade compartilhada entre outras pessoas: há coisas que são reais para nós, mas que para ele não existiam, como árvores, cachorros, planetas etc. Sua mãe lhe explicava o que eram, mas afirmava que não eram reais, e Jack, muitas vezes, não questionava.

Essa forma de apresentar o mundo se assemelha ao fenômeno que Freud descreve em seu famoso texto "A negação" (Freud, 1925/2011b), em que o autor sugere que o "não" do paciente deve ser ouvido pelo analista como "sim". Trata-se de associações do paciente do tipo "*não* era minha mãe", em que a palavra "não" permite ao sujeito uma expressão do seu inconsciente, mas afirmando que não lhe diz respeito, esquivando-se, assim, da angústia. Da mesma forma, quando Joy diz que as árvores *não* existem, ela coloca uma camada de fantasia, mas ao mesmo tempo apresenta esse objeto ao filho, criando um repertório de conhecimento sobre o mundo que está disponível internamente para Jack quando ele sai do cativeiro. Assim, a ideia de

---

5 Criptas (Abraham & Torok, 1987/1995): marcas do trauma ligadas ao fenômeno da clivagem decorrente de desmentidos, não ditos e outras experiências traumáticas. Estão aquém da simbolização e da representação verbal.

6 Em tradução livre: "A mente domina a matéria; se você não se importar, não é importante." Frase atribuída a Mark Twain, mas cuja procedência não pôde ser confirmada.

uma árvore é pensável e faz parte de uma rede de significados, que inclusive levam Jack a fazer perguntas sobre a natureza.

É o que vemos quando Jack começa a descrever o "Quarto", com maiúscula, como nós usamos para grafar o nome de um país, estado, cidade, planeta, pois para Jack esse é de fato seu mundo, o único espaço que ele conhece: "esta é a cadeira, o armário, a cobra de brinquedo, eles são reais". Isso revela o exercício da função de julgamento, descrita por Freud (1925/2011b), e diz respeito às formas iniciais do bebê de construir uma relação com o mundo, calcada no princípio do prazer e, depois, no princípio de realidade. Segundo o autor, é por meio da oralidade que o psiquismo incipiente começa a fazer os primeiros julgamentos de atribuição (se algo é bom ou mau) e de existência (se algo é real ou não).[7]

Apesar de a versão de mundo que Joy apresenta não corresponder à mesma realidade que eu e você, leitor, compartilhamos, a função do teste de realidade foi bem instalada no psiquismo dessa criança, pois ele vivia uma realidade que era compartilhada com sua mãe, e muitas vezes a interrogava quando percebia que algo não se harmonizava com as explicações que ela dava, revelando que desenvolveu a capacidade de pensar.

O delicado manejo de Joy ao sustentar um campo de ilusão para o filho enquanto estavam sequestrados pode ser comparado a uma dimensão da Recusa saudável e necessária, como a que caracteriza o objeto transicional (Winnicott, 1971/1975). Como desenvolvi em outra ocasião:

> *Se o fetichismo perturba a função do julgamento, um processo análogo também caracteriza a construção da transicionalidade, que se dá no meio do caminho entre as concepções objetiva e subjetiva dos objetos,* quando ainda não se instalou o teste de realidade. *Em ambos*

---

7 Segundo Green (1986/2010), nesse momento tão inicial do psiquismo, o Eu primitivo arcaico pouco se diferencia do Id, mas é por meio desse *trabalho do negativo* que ocorre a tradução da língua do Id, pulsional, na língua do Eu, que exerce o julgamento.

> *os fenômenos a Recusa articula a admissão e a não admissão da realidade, gerando duas correntes psíquicas opostas e simultâneas; a diferença é a relação entre elas.* (Chreim, 2021, p. 224, grifos nossos)

Na Recusa fetichista, a impossibilidade de lidar com a realidade psíquica promove uma cisão do Eu, que segundo Freud (2018/1940[1938]) nunca é absoluta, mas tende a se agravar. Formam-se duas correntes psíquicas que não conversam entre si, então a função de julgamento é perturbada e não é possível afirmar se algo é real ou não, pois coexistem duas versões da realidade que levam ao dilaceramento do Eu. No fetichismo, o teste de realidade é perturbado, enquanto no fenômeno transicional ele ainda não está operando, mas será instalado.

Winnicott (1971/1975) compreende a transicionalidade como uma jornada na qual a criança desenvolverá a capacidade de *conectar e diferenciar* interno e externo, objetivo e subjetivo, real e imaginário. Para isso, é preciso que a mãe (ou cuidador principal) sustente para seu filho um campo de ilusão, em que o bebê acredita ter criado o objeto que acaba de encontrar, a partir de uma fina sintonia entre os cuidados maternos e as necessidades do bebê. Winnicott afirma que esse campo se cria em virtude da sobreposição de duas ilusões sobre o seio da mãe: para o bebê, trata-se do seio que ele criou e que é parte de si mesmo, ao passo que, para a mãe, o seio é dela, mas oferecido para o bebê. No caso da mãe, há também uma ilusão: a de que o bebê é uma parte dela. Podemos pensar que, no caso de Jack e Joy, a realidade compartilhada entre eles envolve também uma sobreposição de ilusões: para o menino, o quarto é o mundo dele, para a mãe, Jack é o mundo dela.

Toda criança precisa viver uma etapa de ilusão onipotente para desenvolver a capacidade de brincar, sonhar, criar e pensar, e gradualmente se tornará capaz de lidar com a desilusão e as frustrações inerentes ao viver, desde que possa ter suporte do ambiente para aprender a lidar com essas tensões e esses lutos inevitáveis. Na realidade criada por

Joy, vemos como o tempo todo esse mundo imaginário é atravessado pela realidade que nós todos vivemos, se considerarmos como critério as facetas da castração.[8] A experiência no quarto não é de absoluta onipotência: a comida aparece por mágica, mas não se pode comer tudo, é preciso guardar para o jantar, é preciso tomar vitaminas, alongar o corpo, tomar banho etc. Há muitas dimensões da realidade compartilhada que estão, sim, presentes no quarto: a noção de tempo, os cuidados com o corpo, as proibições, as brigas, a aprendizagem, a alfabetização, os objetos culturais (filmes, livros, música), o crescimento, a doença, e sobretudo a ambivalência, que faz parte de todos os relacionamentos.

Dentro do quarto, podemos pensar que Joy pretendia proteger seu filho daquilo com que ele não tinha capacidade de lidar. Era uma Recusa protetiva, como um escudo poroso que ajudou no desenvolvimento dele: Joy não sequestrou o psiquismo do filho, pelo contrário, buscou educá-lo para o mundo lá fora. O trabalho de apresentação da realidade de forma digerível é uma função que todos os pais precisam realizar com seus filhos, para não os sobrecarregar com conteúdos afetivos que eles ainda não têm condições de processar e tolerar. Não se trata de silenciar e desmentir a criança, mas de buscar palavras acessíveis e transmitir uma versão menos impactante sobre as dores inevitáveis do viver, até que a criança alcance um crescimento psíquico com mais recursos para enfrentar esses aspectos da realidade. É conversando na linguagem da criança que se cria condições para a pensabilidade. Do contrário, o não dito, o segredo ou o excesso de informação impactante promovem uma paralisia do pensamento, em que a Recusa se coloca como barreira contra tudo o que é impensável e tóxico ao psiquismo.

Precisamos recordar que a Recusa não atua sobre a percepção da realidade objetiva, e sim subjetiva, ou seja, sobre a realidade psíquica, que é composta por relações entre percepções, fantasias,

---

8 Sobre as facetas da castração, ver Capítulo 5 – A Recusa e as crenças: a dimensão narcísica da não admissão da castração.

representações. Podemos considerar que a Recusa de Jack não era patológica, pois preservou o movimento psíquico, a construção de significados, a função de representação e simbolização, o que o levava a questionar a palavra da mãe, mesmo que por vezes preferisse se reconfortar na ignorância. Uma parte dele se mantém confortável na Recusa das coisas que ele também não quer saber, como uma criança que ainda quer continuar acreditando no Papai Noel, mesmo já tendo descoberto que ele não existe.

Essa duplicidade se expressa no famoso jargão cunhado por Mannoni (1969/1991) para se referir às manifestações da Recusa, "Eu sei, mas mesmo assim", que conjuga as simultâneas conservação e contestação de uma crença[9] já desmentida pela realidade, mas que persiste viva. A Recusa da castração materna por meio da manutenção da crença na mãe fálica pode ser confortável para nossos medos narcísicos, e é comum na infância, mas pode se tornar aprisionadora quando enrijece o psiquismo, que não se abre para a descoberta do mundo em nome próprio.

Admitir a castração envolve frustrações, incompletude, perdas, decepções e desencontros que fazem parte da realidade dos vínculos, mesmo num contexto tão excepcional como o do filme. Essa é uma forma de o terceiro permear as relações dessa dupla, de modo que Jack e Joy não vivem uma fusão enlouquecedora.

Entre eles, vemos como esse terceiro é uma realidade potencial, que permite uma separação saudável entre mãe e filho. Como afirma Green (1974/2017) a respeito da relação mãe-bebê:

> *É verdade que o pai encontra-se ausente dessa relação, mas dizer que ele está ausente significa que ele não está nem presente, nem é inexistente, mas que possui uma*

9 Para um aprofundamento sobre a relação entre crença e Recusa, ver Capítulo 5 – A Recusa e as crenças: a dimensão narcísica da não admissão da castração.

> *realidade potencial. A ausência é uma situação intermediária entre a presença (até a intrusão) e a perda (até o aniquilamento). (p. 92)*

Ou seja, não é preciso haver uma terceira pessoa na dupla mãe-bebê, mas todo o movimento de presença e ausência é atribuído, no psiquismo da criança, à existência de outro interesse da mãe.

O terceiro também se faz presente pela figura de Old Nick, o pedófilo que os sequestrou, mas que no quarto era como uma espécie de provedor: era ele quem trazia a comida e tudo de que eles precisavam para sobreviver. Naturalmente, a curiosidade de Jack era imensa; nunca havia visto Old Nick, pois Joy colocava o filho no armário quando o sequestrador entrava no quarto e abusava sexualmente dela. De um lado, esse é mais um sinal de saúde do menino: o desejo de saber, a abertura para o mundo e para o desconhecido. Ele é até capaz de indagar sua mãe sobre a onipotência de Old Nick – que parecia um "Deus do Quarto" –, como no dia que Jack completou 5 anos. Joy fez um bolo para o filho, mas este se queixou de que não havia velas de aniversário e interrogou: "Se Old Nick pode tudo, por que não trouxe velas?". Jack reflete consigo mesmo: "Não sei se acredito nesse Old Nick, acho que ele é metade real e metade não é".

Certa noite, o menino saiu do armário enquanto os adultos dormiam, aproximando-se do homem misterioso para finalmente conhecê-lo. Porém, quando Old Nick acordou, gritou com Jack e despertou Joy, que também gritou desesperada, o que levou o agressor a sufocá-la com um travesseiro. E foi assim que este "pai potencial" mostrou sua verdadeira cara, apresentando-se como um terceiro que não separa e conecta mãe e filho, mas que é uma ameaça para ambos, como na fantasia de um pai castrador da mãe, violento, onipotente, punitivo e ameaçador. É interessante notar que, mesmo após essa experiência, a Recusa de Jack se mantém, ou pior, se consolida, por medo do que a curiosidade fez com o gato, ou seja, medo do que pode vir a descobrir.

Nesse momento do filme, o tom muda, e nossa reflexão o acompanha: chega a hora de encarar o custo emocional, o colapso das defesas, os efeitos traumáticos de toda essa violência. Pois embora Joy tenha procurado apresentar outra versão da realidade para o seu filho, ela não controla tudo e tampouco pode impedir que as experiências traumáticas sejam registradas no psiquismo de Jack, ainda que sob um estado de acontecido não pensado (Bollas, 1987/2015),[10] como nas vivências que estão aquém da simbolização.

O traumático

O dia seguinte do encontro com o sequestrador foi o dia do Apagão da mãe de Jack, *Gone Day*, termo em inglês que faz referência a ausência e abandono. Tratava-se dos dias em que Joy vivia o colapso de suas defesas e passava o dia todo na cama, num sono que se assemelha ao estado de transe que a vítima de violência experimenta durante o trauma, como propõe Ferenczi (1933/2011b). São formas de anestesiar o psiquismo para dar conta do sofrimento insuportável, por meio de um afastamento do mundo interno, uma Recusa da realidade psíquica, para não sentir uma dor insuportável.

Nesses momentos, Jack também vive uma experiência traumática, não apenas por descobrir a realidade de quem é Old Nick, mas também pelo desaparecimento de sua mãe, ainda que presente fisicamente. Essa vivência nos remete ao conceito de "complexo da mãe morta", de Green (1980/1988): o autor nos fala de uma forma de adoecimento psíquico que ocorre quando uma criança vive um súbito e drástico desinvestimento libidinal de sua mãe (ou cuidador principal) devido a um luto ou depressão severa, que a impossibilita de estar disponível com a criança. Tal criança tem uma mãe que está presente como um

10 Acontecido não pensado: termo usado por Bollas (1987/2015) para se referir a fenômenos inconscientes envolvendo registros no aparelho psíquico que ultrapassam a capacidade de verbalização, como em certos aspectos primitivos das relações de objeto.

fantasma, e ausente emocionalmente, pois está voltada para a ruína do seu próprio mundo interno. Nesse dia, Jack está sozinho e sem suporte para dar sentido ao impactante encontro com o sequestrador. No filme, o efeito traumático de tal experiência não foi enfatizado, mas enquanto psicanalistas podemos ter esse olhar mais crítico.

Preparando-o para um mundo onde estariam livres – o que no contexto não era uma possibilidade real, e sim uma bela de uma utopia não muito realista, uma Recusa –, Joy podia cultivar uma esperança que, afinal, foi muito importante para ela mesma seguir vivendo: dedicar-se ao filho permitiu que ela se afastasse da realidade psíquica do cativeiro e se voltasse para a criação de uma vida. Jack não representa para Joy apenas a violência do estupro, mas a chegada de uma luz brilhante que lhe permite a Recusa do trauma em curso, porque também vivia um momento fértil de criação e sonho. Mas quando saem do quarto, há uma desilusão: para a mãe, o quarto era um cativeiro, para Jack, o Quarto era o seu mundo querido.

No cativeiro, havia momentos em que Jack ficava furioso quando a mãe lhe mentia, e para silenciar o filho ela até se tornava agressiva e invalidava a percepção de Jack. Eram estratégias mais desesperadas e violentas para fazê-lo parar de pensar e de se perguntar sobre algo que desmontaria a ilusão do Quarto. Anteriormente, consideramos os aspectos protetivos da Recusa, mas agora podemos olhar para alguns aspectos da ilusão criada por Joy por um outro ângulo, comparando-os com o conceito de desmentido de Ferenczi (1931/2011a): trata-se de deslegitimar o relato de uma vítima de violência, o que, por si só, é uma experiência traumática. Quando o desmentido é feito por alguém em quem se confia e de quem se depende, o efeito é que o sujeito deixa de confiar em suas próprias percepções. Isso leva a um aprisionamento psíquico, uma mordaça, que impede a apropriação subjetiva da experiência emocional. Produz-se uma Recusa patológica, em que o psiquismo fica dividido entre duas versões da realidade, o que perturba a função de julgamento (a que nos referimos anteriormente), de interpretação e elaboração da vivência traumática. Isso porque a versão mentirosa do desmentido desautoriza e silencia a voz da vítima.

Ferenczi (1933/2011b) propõe que em situações de violência extrema, em que o sujeito não tem opções para se retirar da situação de perigo, ocorre o fenômeno da identificação com o agressor. Tomada pelo pavor, a vítima se identifica com o agressor e fica atenta às necessidades dele para evitar despertar a ira ou a loucura daquele de quem depende. Embora o filme não tenha mostrado esse lado, essa é a situação de uma criança na posição de Jack: um filho que deve salvar sua mãe e carrega um peso e uma autorresponsabilização que sufocam a própria voz. Recordemos o mito do seu nascimento: "Era uma vez antes de eu vir, você chorava e via TV o dia inteiro até virar zumbi". Aquelas crianças que vêm ao mundo incumbidas de serem a alegria da família, ou que zelam pela saúde mental de pais severamente adoecidos, vivem uma dinâmica familiar traumatogênica.

Esse tipo de vínculo é extremamente violento para uma criança porque ela não pode ser espontânea, expressar sua raiva, seu ódio, justamente porque percebe a instabilidade psíquica de seus pais. A criança pode temer uma reação de ira desenfreada de parte dos adultos, mas também pode ter medo de despertar um estado melancólico em seus pais, por serem demasiadamente frágeis. É nesse sentido que Ferenczi (1933/2011b) nos fala de crianças que se tornam psiquiatras da família, bebês sábios, entre outros. Esquecem-se de si mesmas para cuidar do agressor, para não piorar a situação de violência em que se encontram.

Em certo momento do filme, Joy precisa revelar a Jack a verdade sobre o que estavam vivendo: o aquecedor do quarto foi desligado, o sequestrador contou a Joy que perdeu o emprego, e ela logo chega à conclusão de que corriam o risco de permanecer aprisionados e morrer se Old Nick os abandonasse. Afinal, ele era o algoz, mas também os mantinha vivos. Para executar o plano de fuga, Joy teve que contar a verdade sobre o cativeiro para seu filho. Vemos a Recusa de Jack se exacerbar, justamente porque sua mãe está lhe mostrando uma realidade insuportável e desfazendo todo o campo de ilusão que ela cuidadosamente arquitetou e preservou, tentando protegê-lo das vivências traumáticas.

A reação de Jack é intensa: tem muita raiva do novo mundo que a mãe está apresentando. Ela diz: "Eu sei que você sabe que às vezes eu te engano, tem várias coisas que você sempre quis saber, mas eu não te contava, mas agora você já tem 5 anos, já posso te contar tudo, você tem condições de compreender". Num primeiro momento, a Recusa se manifesta, e ele desacredita a mãe, dizendo que ela está mentindo. Em seguida, Jack é assertivo: ele preferiria voltar a ter 4 anos, momento pré-traumático. É compreensível a reação de Jack, tentando ainda se debater com duas versões de realidade: aquela que ele queria acreditar, e aquela que ele já não podia mais desacreditar.

A nova versão da realidade era terrível: fazia do seu mundo, o Quarto, um pesadelo. Mas Joy também lhe oferece uma vantagem para aceitar a realidade nova: fora de lá estão vovô e vovó, e uma casa com balanço, e um monte de coisas maravilhosas. Ela apresentava a realidade com suas dores, mas também com suas delícias. Nesse momento, quebrou-se o campo de ilusão – o mesmo objeto, o quarto, representava coisas diferentes para Jack e Joy –, mas preservou-se um campo de realidade comum e de um sonho possível, pelo qual valia a pena se arriscar e no qual valia a pena acreditar. Foi preciso trocar a ilusão do quarto por uma chance de sobreviverem. Assim, apesar da ruptura radical, podemos conjecturar que houve alguma preservação da continuidade do ser de Jack, sobretudo por conta do vínculo entre mãe e filho, que é o que de fato tem dentro do quarto, mas também fora do quarto, embora tenha se transformado.

É uma situação muito delicada porque envolve uma violência necessária. Podemos compreender que Joy faz um certo desmentido da Recusa de Jack, e ele formula suas resistências com muita mágoa. É tudo tão novo, é tudo tão forte, que ele quer voltar para aquilo que é conhecido: quer dormir n'A cama, n'O Quarto, mesmo quando já está em segurança na casa da avó.

Quando a Recusa cede

Depois de atravessarmos situações muito duras, mesmo saindo da tormenta, temos a sensação de que a vida foi interrompida, como Joy, que tem todo um trabalho psíquico doloroso para elaborar o trauma. Uma vez libertada do cativeiro, ela agora tem que tirar o cativeiro de dentro de si.

Sobre a Recusa de Joy, precisamos adotar o ponto de vista de uma vítima de violência, que fez o possível para preservar alguma parte sã de seu psiquismo. Podemos considerar que viver em função da maternagem, cuidar de Jack, dava um propósito para ela e permitia-lhe viver em outra realidade, promovendo algum afastamento da insuportável realidade traumática. O que é preciso destacar é a dupla atitude característica da Recusa: simultâneas admissão e não admissão da realidade psíquica. Significa que, se de um lado cuidar de Jack possibilitava suavizar a dor de perceber-se sequestrada e violentada, por outro ela não deixa de prestar muita atenção na realidade objetiva: precisa estar atenta a todas as condições de sua sobrevivência, pedir ao sequestrador vitaminas, roupas, alimentos para preservar sua saúde e a de seu filho, fazer alongamentos, exercícios – tudo isso é uma consideração importante da realidade na sua concretude. Ela precisava continuar viva.

Joy também viveu a identificação com o agressor. Teve que se tornar atenta às necessidades dele e do ambiente em torno, aos riscos e às estratégias de sobrevivência. Ela não podia protestar e reagir a toda essa violência, porque poderia piorar o humor do sequestrador, de quem dependiam. Assim, tudo o que Joy sentia tinha que ser engolido, ser alvo da Recusa, para manter a estabilidade do vínculo, assim como as crianças descritas por Ferenczi (1933/2011b), a que nos referimos anteriormente.

Apesar de a Recusa tê-la protegido parcialmente durante o cativeiro, ocorre que as percepções e as representações formadas no psiquismo continuam com um caráter tóxico, na medida em que se mantêm isoladas e sem possibilidade de se ligar a outras. O que era impensável continuou não pensado. A Recusa permite um congelamento dos registros traumáticos, uma blindagem para impedir o processo de significação do que foi percebido. Essa cristalização determina uma temporalidade paralisada, fixada no traumático e no pré-traumático.

Porém, quando a defesa cede, ou falha, o tempo da elaboração do trauma é extremamente sofrido, e é preciso muito suporte para o trabalho psíquico de processar essa enxurrada. Quando a dor vem com tudo, é muito comum uma reação terapêutica negativa. No caso de Joy, apesar de ter suporte médico e familiar, é compreensível que a dor tenha se tornado insuportável a ponto de levá-la a uma tentativa de suicídio.

Ao saírem do quarto, Jack e Joy precisam usar óculos escuros porque têm ainda extrema sensibilidade à luz. Podemos pensar nisso como uma metáfora – excesso de realidade cega, por isso precisamos de mediadores e de proteções. Para Joy, que viveu durante sete anos uma situação traumática, essa Recusa era fundamental e a protegia, de modo que ela adoece mais severamente quando sai do cativeiro.

Nesse momento, Joy está tomada pela aura da onipotência e, inicialmente, não deixa o psiquiatra examinar Jack, acreditando que pôde protegê-lo de tudo. Mas a verdade é que nem a melhor mãe do mundo teria como evitar a formação de marcas traumáticas na vida de Jack, e isso não é fácil de admitir para Joy, nem para ninguém que cuide de uma criança. Fora do cativeiro, o menino se defronta de vez com a quebra da ilusão de que sua mãe dava conta de tudo: ela finalmente entra em contato com sua dor psíquica, com o trauma, e vai mostrando suas fragilidades, desmontando suas defesas e desmoronando. Aquela mãe sábia, segura, que "decide pelos dois" vai desaparecendo, pois foi na verdade uma carapaça que ela teve que desenvolver para suportar a realidade e, ao mesmo tempo, afastar-se dela.

Jack se dá conta desse efeito devastador sobre sua mãe após a tentativa de suicídio dela – "Mamãe quis ir pro céu, mas se esqueceu de mim" –, então ele tenta diminuir o impacto emocional do que isso significa, ao dizer "mamãe boba". Mas depois ele reconhece que "Os *aliens* trouxeram ela de volta, mas ela caiu no chão e quebrou". A sua mãe voltou, mas nunca será a mesma do quarto.

Quem ela é agora? Que filha, que mãe, que amiga? Onde estão todos os sonhos que ela perdeu? Toda a dor continua aí, e, ainda por cima, ela acorda alucinando com o barulho do alarme da porta de quando Nick entrava. A marca do trauma continua, apesar da Recusa, e agora vem o desafio de integrar essas vivências à sua identidade.

Vemos como a confusão de língua[11] e a identificação com o agressor fizeram Joy se sentir culpada pelo sequestro, por ter caído na armadilha de um homem que a cativou com a linguagem da ternura, mas com intenções da linguagem da paixão. Ela diz à sua mãe: "Se eu não tivesse sido educada para ser tão boazinha, não teria me oferecido para ajudar um estranho com seu cachorro". Essa é a confusão que acontece nos abusos psíquicos desse tipo: de quem é a culpa? para o espectador, é evidente que o sequestrador é o culpado; para Joy, a culpa é de quem acredita ter se colocado na situação de risco.

Uma jornalista lhe pergunta por que não pediu ao sequestrador que deixasse Jack em um hospital. Impiedosa e sensacionalista, ela acusa Joy de ter sido egoísta e pensar somente em si mesma ao privar o filho da liberdade quando recém-nascido. Nesse contexto, a violência da jornalista reforça a sua culpa: nessa noite Joy tenta o suicídio e passa a se acusar de ser uma mãe ruim.

---

11 Esse termo se refere à situação de abuso sexual de uma criança, descrita por Ferenczi (1933/2011b), em que a criança brinca com um adulto encenando seus desejos edipianos na linguagem da ternura, enquanto o adulto responde a ela na linguagem da paixão. Para um aprofundamento, ver Capítulo 1 – A *Verleugnung* em Freud e em Ferenczi.

Por isso é preciso um ambiente livre de julgamento, que possa escutar a culpa da vítima de violência, e não apenas um analista que pretenda "remover a culpa" ou ainda "confrontar o paciente com a realidade dos fatos". Da mesma forma que combinamos de não questionar as crianças antes do tempo sobre algumas coisas da realidade, mantendo o campo de ilusão (Winnicott, 1971/1975), considero que com o paciente traumatizado também devemos trabalhar com muito respeito diante das defesas e das possíveis versões da realidade que ele vai tecendo sobre si mesmo. Não importa se é real ou não, se aconteceu ou não, porque na análise o que importa é colocar o paciente em contato com sua realidade psíquica (Green, 1974/2017), e não com a realidade compartilhada.

Como afirmado em outra ocasião, o enquadre psicanalítico deve ter essas propriedades transicionais:

> *Desde o momento que declaramos ao paciente que nada do que ele disser será submetido a julgamento, já estamos propondo a configuração de um vínculo que tem uma especificidade. Tal declaração não se restringe ao julgamento moral, mas diz respeito também à suspensão da função de julgamento de atribuição e de realidade . . . estabelecendo uma relação em que podem caber diferentes versões de realidade, inclusive a traumática e a desesperançosa. (Chreim, 2021, pp. 288-289)*

O final do filme *O Quarto de Jack* nos leva a pensar sobre o destino dos traumas transgeracionais, que podem assombrar a família por anos, até que sejam desenterrados das criptas e digeridos. Pensar sobre esse impensável permite que o passado se integre à história individual de cada um da família, conferindo-lhes a liberdade de traçarem seus próximos passos na vida. É essa uma das dimensões da saída do cativeiro psíquico.

Certamente as marcas do trauma nunca se apagam, mas podem ser reinterpretadas: Jack terá que digerir a cena primária de seu nascimento, ser filho de um estupro, mas também ser filho e neto de pessoas que o amam. O olhar do seu avô é absolutamente despersonalizante, porque vê no menino a figura do sequestrador, enquanto o olhar do namorado da avó é libertador para Jack, pois é visto como uma criança assustada e curiosa ao mesmo tempo. Joy também tem um trabalho psíquico árduo para integrar essa parte da sua história, se arriscar a criar novas escritas e narrativas sobre si, e apostar em novos vínculos. Mas esse é o desafio de todos nós, o de conviver com as próprias histórias, heranças familiares, escolhas, erros e acertos, sofrimento, dor, conquistas, de enfrentar aquilo que fomos e já não somos mais. Essa é a nossa história e, na análise, procuramos caminhos para conviver com ela.

Como diz a linda música "Amarelo, azul e branco" (Caetano & Falcão, 2021), na voz de Anavitória e Rita Lee: "Ao meu passado/ Eu devo o meu saber, e a minha ignorância/ As minhas necessidades/ As minhas relações/ A minha cultura e o meu corpo/ Que espaço o meu passado deixa pra minha liberdade hoje?/ Não sou escrava dele".

Referências

Abraham, N., & Torok, M. (1995). *A casca e o núcleo*. Escuta. (Texto original publicado em 1987).

Abrahamson, L. (Diretor). (2015). *O Quarto de Jack* [Filme]. Universal Studios.

Bion, W. R. (2014). Learning from experience. In W. R. Bion, *The Complete Works of W. R. Bion*. Karnac. (Texto original publicado em 1962)

Bollas, C. (2015). *A sombra do objeto: psicanálise do conhecido não pensado*. Escuta. (Texto original publicado em 1987)

Caetano, A., & Falcão, V. (2021). Amarelo, azul e branco [Gravado por Anavitória e Rita Lee]. In *Cor* [Download digital]. Anavitória Artes.

Chreim, V. (2021). *Dimensões da Recusa*. Blucher

Ferenczi, S. (2011a). Análise de crianças com adultos. In S. Ferenczi, *Psicanálise IV*. Martins Fontes. (Texto original publicado em 1931).

Ferenczi, S. (2011b). Confusão de língua entre os adultos e a criança. In S. Ferenczi, *Psicanálise IV*. Martins Fontes. (Texto original publicado em 1933)

Freud, S. (2010). Introdução ao narcisismo. In S. Freud, *Obras Completas* (Vol. XII). Companhia das Letras. (Texto original publicado em 1914)

Freud, S. (2011a). O Ego e o Id. In S. Freud, *Obras Completas* (Vol. XVI). Companhia das Letras. (Texto original publicado em 1923)

Freud, S. (2011b). A negação. In S. Freud, *Obras Completas* (Vol. XVI). Companhia das Letras. (Texto original publicado em 1925)

Freud, S. (2018). Compêndio de psicanálise. In S. Freud, *Obras Completas* (Vol. XIX). Companhia das Letras. (Texto original publicado em 1938)

Green, A. (1988). A mãe morta. In A. Green, *Narcisismo de vida, narcisismo de morte*. Escuta. (Texto original publicado em 1980)

Green, A. (2010). Anexo 1: o trabalho do negativo. In A. Green, *O trabalho do negativo*. Artmed. (Texto original publicado em 1986).

Green, A. (2017). O analista, a simbolização e a ausência no enquadre analítico. In A. Green, *A loucura privada: psicanálise de casos-limite*. Escuta. (Texto original publicado em 1974)

Mannoni, O. (1991). Eu sei, mas mesmo assim. In C. M. Katz (Org.), *Psicose*. Escuta. (Texto original publicado em 1969)

Winnicott, D. W. (1975). Objetos transicionais e fenômenos transicionais. In D. W. Winnicott, *O brincar e a realidade*. Imago. (Texto original publicado em 1971)

7. Os objetos culturais e as saídas de cativeiros psíquicos[1]

Celina Diaféria

Se a arte não salva, o que fazemos com ela pode nos salvar. Quando um espectador está diante de uma obra de arte, segundo Ogden (1977/1996), há um terceiro que se cria. Não se trata mais do autor ou do espectador, trata-se de algo originado no encontro. O que compartilho a seguir é o meu encontro com o filme *O Quarto de Jack* (Abrahamson, 2015) e como ele ampliou minha capacidade de pensar saídas possíveis – pela via da criatividade – para o que aqui se denomina cativeiros psíquicos.

O filme começa com uma ficção contada pelo próprio Jack para sua mãe, Joy, a respeito de como ele nasceu e chegou àquele quarto: "Era uma vez, antes de eu chegar, você chorava e via TV o dia inteiro até virar um zumbi, mas daí eu desci pela claraboia junto com uma luz até o quarto e comecei a te chutar por dentro – bum! –, aí caí no

1 Este capítulo deriva originalmente de uma apresentação no evento "Cine LiPSiC – A recusa e o traumático: um debate a partir do filme *O Quarto de Jack*", em 2023. Ele também deriva da tese de doutorado ainda em curso na Pontifícia Universidade Católica de São Paulo (PUC-SP), intitulada provisoriamente *De estados de guerra a estados de esperança – A função dos objetos culturais no encontro analítico*, financiada pela Coordenação de Aperfeiçoamento de Pessoal de Nível Superior (CAPES), sob orientação do prof. dr. Luís Cláudio Figueiredo, e reproduz as ideias apresentadas pela autora na 14ª Conferência Internacional Sándor Ferenczi, em 2024, na comunicação oral intitulada "Em busca de saídas de cativeiros psíquicos".

tapete com os olhos bem abertos. Você cortou o cordão e disse: "oi, Jack!". Estou com 5 anos. Agora já estou velho...".

O mito criado por Joy para contar ao filho sobre sua origem é uma ficção. Para o espectador é uma ficção dentro da ficção. Sabe-se que Jack não veio ao mundo por uma claraboia num facho de luz, no entanto, por meio de metáforas e narrativas criadas por sua mãe, percebemos a felicidade experimentada por ela com a chegada do filho. Joy o recebeu como uma estrela que atravessa a claraboia do cativeiro para lhe reanimar a esperança, quando esta já estava aparentemente sem fôlego. Podemos brincar com o nome da personagem, que realmente experimentou o renascimento da alegria (*joy*, em inglês). É como se ecoassem as palavras de Guimarães Rosa (1956/1982): "um menino nasceu – o mundo tornou a começar" (p. 353).

A jovem não apenas acolhe o filho como quem recebe um presente do universo, mas compartilha com ele experiências que fazem de um lugar inóspito – um cativeiro – um ambiente o mais favorável possível ao desenvolvimento de uma criança. "Onde não há um jardim, as flores nascem de um secreto investimento em formas improváveis" (Andrade, 1951/2022) – por cinco anos, Joy cultiva um terreno onde aparentemente não há solo para o nascimento de flores. Aparentemente.

Podemos supor que ela tenha tido boas experiências emocionais antes de ser feita refém. Graças a esse repertório, cria um quarto povoado por brincadeiras e histórias compartilhadas entre mãe e filho. Ele diz: "Eu sou forte igual ao Sansão. Eu vou ser igual ao Jack, o matador de gigantes, e vou subir pela claraboia e chegar ao espaço com meu cachorro Lucky e vou passear por todos os planetas!".

Essas histórias são inventadas por Jack, que consegue sonhar. Se ele tivesse vivido um trauma tão profundo a ponto de não conseguir contar histórias, provavelmente não conseguiria brincar, não conseguiria simbolizar suas experiências emocionais, nem mesmo poderia dormir. Mas a experiência estética que vive com sua mãe preserva em ambos a capacidade de projetar uma vida no longo prazo. Jack tem 5 anos. Não tem velas para o bolo de aniversário – essas que a gente apaga pensando no melhor que possa vir ou no que queremos para nosso futuro. Como sonhar um futuro quando a situação parece imutável? Como sonhar quando a realidade parece não oferecer aquilo que procuramos? Como entrar em contato com os outros quando nossos gritos não são escutados por ninguém?

A certa altura, Joy conta ao filho a história do Conde de Monte Cristo, Edmond (Dumas, 1846/2012), que "rasga o saco para se libertar, desenterra o tesouro, compra um grande barco e veleja de volta à França, onde compra uma ilha e se declara Conde e promete se vingar das pessoas que o prejudicaram". Quem nunca sentiu o desejo de triunfar sobre quem lhe fez algum mal? Isso aparece na literatura e, ao assistir o filme, também somos capazes de compreender esse sentimento, e de acessar em nós as marcas das experiências semelhantes a essa situação traumática de cativeiro. Assim, o próprio filme tem um enorme valor como objeto cultural, que permite identificações, elaborações, bem como fomenta esperança e resiliência em momentos difíceis.

As obras de arte nos possibilitam ter a experiência de pertencimento. Percebemos que nossa experiência humana – frágil, trágica, cômica – é individual, mas ao mesmo tempo coletiva. As obras de arte também nos possibilitam perceber a continuidade do tempo e da transcendência. Muitos antes de nós, os artistas por trás das obras já vivenciaram conflitos e angústias e situações que puderam compartilhar conosco por meio de filmes, contos, romances, poemas, canções e outras formas de arte. Ao vivermos uma experiência estética, podemos nos sonhar dentro dos objetos culturais, que nos permitem não apenas nomear nossas vivências emocionais, sentindo-nos mais acolhidos ou representados, mas ampliar nossa capacidade de pensar e dar sentido ao mundo, compreendendo que a realidade possibilita diferentes interpretações. Como diz o personagem que vive *Dias perfeitos* no mais recente filme de Wim Wenders (2023): "há vários mundos no mundo". Além disso, sabemos que a imaginação é fundamental para criarmos saídas para a realidade imediata.

A experiência vivida por Jack com sua mãe durante o cativeiro estabelece um modelo de relação de objeto que o menino vai buscar repetir pela vida afora, a fim de se transformar e de expandir sua capacidade de pensar o mundo. Joy ensina o filho a ler – alimentando-o com as metáforas de *As aventuras de Alice no país das maravilhas* (Carroll, 1865/2017), história que remete à confusão e à maravilha de viver em uma neorrealidade, na qual a personagem está a procura do caminho de volta para si mesma. Eles fazem um bolo juntos, compartilham os cuidados com o corpo: escovam os dentes, fazem ginástica, conversam e brincam. As histórias, as canções que Joy canta para o filho, algumas produções que entram pela TV servem como nutrição para um jardim interno que Jack (assim como todo mundo) tem de cultivar. Podemos pensar nesse jardim como uma casa psíquica que pode também, pelas experiências traumáticas, ter paredes muito grossas, sem janelas, mais próxima do que chamamos aqui de um "cativeiro psíquico".

A vida de Jack e Joy no cativeiro me remete à exposição sobre o trabalho dos educadores do campo de concentração de Terezin:[2] as crianças aprisionadas nesse campo de concentração durante a Segunda Guerra Mundial foram cuidadas por educadores que apresentavam obras da literatura, contavam histórias e ofereciam vias de expressão a elas, que desenhavam e escreviam. Naquele contexto, não se sabia se sairiam vivas ou não do campo, mas a aposta dos educadores era na necessidade de essas crianças serem capazes de pensar um futuro e de sustentar a vida num ambiente mortífero. Os desenhos delas representavam cenas vividas e presenciadas no campo de concentração, mas também apareciam em suas produções referências às

2 "Os desenhos das crianças de Terezin" é uma exposição permanente, organizada pelo Museu Judaico de Praga.

histórias que liam ou escutavam. Cabia aos educadores proteger a capacidade de sonhar e brincar daquelas crianças. É por meio do sonho e da brincadeira que se consegue atravessar as intempéries da vida e encontrar saídas para problemas que a vida nos apresenta.

Em dado momento do filme, é preciso que Joy e seu filho tentem escapar do cativeiro, e para isso ela precisa desfazer a ilusão que criou sobre o mundo dentro daquele quarto. "Jack, você se lembra do rato?", pergunta Joy ao filho, fazendo alusão a um rato que invadira o quarto no dia anterior, o que havia feito Jack questionar sua mãe sobre a existência de um mundo fora do quarto. "Ele está do outro lado da parede. Estamos do lado de dentro e o rato está do lado de fora." Com essa história, Joy prepara Jack para sair do cativeiro. Aqui podemos fazer um paralelo com o mito de Platão,[3] quando um homem sai de uma caverna, descortina o mundo e tenta revelar aos outros, que não saíram de lá, o que viu fora dali. A princípio, como os personagens do mito, o menino se enfurece. Felizmente sua plasticidade lhe permite começar a imaginar o mundo para além daquelas paredes. "Você vai adorar o mundo!", diz a mãe a Jack.

A cisão de parte da realidade possibilitou a preservação de um espaço de resiliência no qual a esperança é cultivada e foram criadas condições para ambos sonharem com um amanhã. É a preocupação com o futuro do filho que mobiliza Joy a arquitetar um plano de fuga. Ela lhe dá um dente seu – uma parte de si –, que Jack rapidamente esconde em sua própria boca: era uma forma de provar que sua mãe existia, era real, e para que a polícia acreditasse nele e passasse a procurá-la. Mas, além da função de permitir o resgate, pode-se pensar naquele dente como um ursinho de pelúcia, um objeto para que a criança se sinta segura diante da separação da mãe, como também é possível considerar que, por meio daquele dente, Jack poderá contar mais sobre sua própria história no caso de se perder de sua mãe, o que felizmente não acontece.

3 No livro VII da *República*, Platão narra o mito da caverna. Ver Badiou (2014).

Joy dá ao filho um bilhete a ser entregue a "qualquer pessoa" que encontrasse fora do cativeiro. Ele pode endereçar o pedido de socorro a *qualquer pessoa* com olhos e escuta para os outros, como o primeiro desconhecido com quem Jack se depara assim que consegue escapar da caminhonete do sequestrador: um homem passeando com seu cão, que percebe o sofrimento de Jack e aciona a polícia. É também o caso da policial que acolheu o menino e foi capaz de escutar Jack com empatia e delicadeza para encontrar o cativeiro onde Joy estava presa. São pessoas imprescindíveis para a criação de uma rede de solidariedade em situações de vulnerabilidade, são encontros que têm uma enorme potência transformadora.

Assim como com o bilhete de Joy, a escrita é um modo de estabelecer contato e, no caso, pedir ajuda. Pensemos nos náufragos que escrevem cartas e as lançam em garrafas em alto mar na esperança de serem encontrados, bem como nas postagens nas redes sociais em busca de interlocutores. Os seres humanos são vulneráveis, nada autossuficientes, ávidos por trocas significativas com os outros, a fim de expandir a própria compreensão da realidade, a capacidade de pensar as experiências emocionais e lidar com a alteridade.

No filme, as experiências traumáticas se sobrepõem umas às outras: a adolescente que tem a vida sequestrada e cujo corpo violado dá origem a uma criança nascida e criada até os 5 anos de idade em cativeiro; a criança que escapa de um quarto – compreendido como mundo – para o mundo real; a mãe de Joy que perde a filha sequestrada e a acolhe em seu retorno – uma desconhecida – muitos anos depois; o pai de Joy que se afasta pois não suporta o reencontro com a filha sequestrada e o encontro com o neto.

Ao sair do cativeiro e voltar para casa, Joy tem de lidar com as pessoas simpáticas e nada empáticas, como a entrevistadora da TV incapaz de compreender e se solidarizar com seu sofrimento; pessoas com o dedo em riste para julgá-la e acusá-la. A partir do filme, é possível refletir também sobre a irreversibilidade do tempo, da vida não vivida, das experiências sem reparação. O que fazer com as dores que o tempo não cura? Aparentemente, ao se dar conta disso, Joy volta toda a sua raiva contra si e atenta contra a própria vida.

O que acontece quando nossa vida é interrompida por uma tragédia ou uma fatalidade, ou quando os aprisionamentos são vividos internamente e temos a sensação de que estamos condenados a uma semivida? Ou quando a melancolia parece tomar conta de nós a ponto de perdermos o encantamento pela vida? Como transformar esses estados internos de guerra em estados de esperança?

Não é preciso sofrer um sequestro, como a personagem do filme, para que se viva num cativeiro psíquico, construído quando o trauma enrijece o sujeito dentro das próprias crenças, a fim de sobreviver à dor e ao sofrimento. Sem acolhimento, nos fechamos em "cercadinhos" ou cativeiros nos quais mantemos a ilusão de estarmos seguros e protegidos. Criamos muralhas para nos defendermos das ameaças. Mas, afinal, quem são os bárbaros de quem tentamos tanto nos proteger? Não seriam aqueles que nos habitam e que tendemos a enxergar apenas nos outros?

Numa cultura em que público e privado se misturam, em que somos capturados pela imagem nas redes sociais, há de se fazer um trabalho psíquico grande para cultivarmos nossa capacidade de pensar e discernir o que nos é verdadeiramente significativo. Revozeamos os discursos que não são nossos (Bakhtin, 1952-1953/2016), seguimos padrões, reféns do olhar do outro, capturados pela imagem, pelo discurso médico e da indústria farmacêutica, torturados por ideais de perfeição e performance, na contramão do que seria bom ao cultivo de mentes e corpos. É nesse mundo que Jack e Joy passam a viver. É nesse mundo que vivemos também.

Como cultivar uma mente própria, se somos seres interdependentes e precisamos de laços com os outros? Os objetos culturais podem nos ajudar com seu potencial transformador, bem como outras experiências estéticas. Vejamos: Joy foi o primeiro objeto transformacional de Jack. O conceito de objeto transformacional foi cunhado pelo psicanalista Christopher Bollas (1987/2015). Para ele, o encontro do bebê com a mãe é, antes de tudo, um encontro estético, de maneira que essa relação como objeto transformacional configura a primeira estética humana. A mãe é percebida no início não como um outro, mas como um processo que o bebê identifica com as múltiplas transformações do *self*. Ao longo de toda a nossa vida, buscamos experiências como essa, que possam nos proporcionar transformação. Procuramos mergulhar no quadro, na música, na paisagem, na voz da pessoa amada ou em seu abraço, assim como um dia estivemos mergulhados na estética materna.

O momento estético não diz respeito a uma simples revivência da experiência com o objeto primário, como se o sujeito estivesse fixado num encontro passado, e sim a uma experiência com um outro objeto, que ressoa o idioma pessoal do indivíduo, permitindo-lhe apropriar-se de partes suas e de sua experiência emocional antes desconhecidas de si mesmo.

Nesse sentido, vale ressaltar o papel de Leo, o namorado da avó de Jack, nesse processo de reabertura do menino, após a saída do cativeiro. Há um momento no filme em que Jack está sozinho com ele em casa e o observa escondido. Por sua vez, Leo finge não o ver, mas lança um convite no ar: "Ah, se eu tivesse companhia para fazer um lanche, acho que vou comer cereais", e se dirige para a cozinha, dando a chance para que o menino saia de sua caverna em seu próprio tempo. Leo cria um ambiente de confiança e de jogo para que Jack se aproxime devagar. Já o avô biológico olha para Jack e só vê o abusador de sua filha: seu olhar traz a linguagem da paixão[4] (Ferenczi, 1933/2011), retraumatizante e despersonalizante.

---

4 Referência à noção de confusão de língua de Ferenczi (1933/2011), explorado no Capítulo 1 – A *Verleugnung* em Freud e em Ferenczi.

Por sua vez, o namorado da avó usa a linguagem da ternura, uma linguagem porosa, afetiva, brincante, que se conecta com o mundo infantil de Jack, inclusive ao apresentar o menino a seu cachorrinho. Leo permite a recuperação dos processos de transformação do psiquismo de Jack – após a ruptura com o mundo do cativeiro – e de seu idioma pessoal (Bollas, 1989/2021), ou seja, sua impressão digital humana como parte de sua identidade. Há nesse encontro uma hospitalidade.

Assim, Jack vai reencontrando as boas experiências com a mãe na relação com Leo, com a avó, com a vizinha, com o amiguinho. Da mesma forma, Jack ajuda a mãe a recuperar seu idioma pessoal por meio do gesto de pedir para a avó cortar seu cabelo – símbolo de sua força – e dá-lo à mãe: na vida dentro do quarto, Jack tinha o cabelo longo, como o de Sansão, dizia sua mãe. Quando saíram do cativeiro, foi após a hospitalização de Joy, devido a uma tentativa de suicídio, que o menino pediu para a avó que levasse seu cabelo para Joy, para ajudá-la a recuperar suas forças. O cabelo pode ser compreendido como um objeto estético que remete à experiência de boa maternagem entre Jack e Joy – que ela mesma passa a questionar quando sai do cativeiro –, e Jack a ajuda a voltar a confiar em si revelando a potência do vínculo entre eles.

O momento estético, portanto, é uma experiência que aponta para o futuro e recupera também o passado não pensado, para uma expansão e uma transformação da subjetividade. Esse momento, segundo Bollas (1987/2015), pode ser pensado como a vivência de uma comunicação profunda e singular entre o sujeito e o objeto, em um encontro fusional que leva o indivíduo a experimentar a estranha sensação de estar sendo contido pelo objeto, que dá forma a suas angústias, seus desejos e seus medos. Assim, no encontro estético, vivenciamos uma espécie de corte no tempo em que o arrebatamento mobiliza aspectos muito íntimos que podem finalmente ser reintegrados à história pessoal, de modo a sairmos transformados desse encontro. É como um impacto que permite uma costura de experiências anteriormente cindidas.

Os momentos de imersão, em que o sujeito é tomado pela obra de arte, seja ela pintura, música, produção literária ou filme, geram uma vivência de grande densidade emocional, que prescinde de palavras. Segundo Bollas (1987/2015), essas ocasiões atuam como "uma forma de *déjà vu*, é uma memória existencial: lembrança não representacional, transmitida por meio de uma sensação misteriosa" (p. 67). Assim, pode-se pensar o encontro estético não como uma vivência passiva, mas como uma experiência de transformação do *self*.

Podemos refletir sobre a potência transformacional do encontro estético no contexto analítico, particularmente com pacientes que se utilizam de poesia, canções, filmes a fim de dizerem de sua experiência emocional. Considerando nossa própria experiência com o filme *O Quarto de Jack*, podemos pensar sobre o potencial transformador do momento estético que vivemos. Ampliamos nossa capacidade imaginativa para além das fronteiras conhecidas, como o pequeno Jack quando escapa do quarto frio e escuro e tem contato pela primeira vez com a intensidade da luz – antes desconhecida – e com o calor do sol. A TV é substituída pelo celular, e sua mãe se irrita, porque quer que o filho se abra, que continue brincante. Finalmente, Jack sai da casa para brincar com o amigo que o chama pela janela. Oferecer essas experiências culturais não apenas às crianças, mas também a jovens, adultos e idosos é uma maneira de estabelecer laços, inclusive laços sociais, retirando-os do isolamento.

Escutar histórias, ler, ir ao cinema, ao museu, participar de grupos e instituições, uma viagem, um namoro, um novo amigo, o jogo, a dança, uma peça teatral, um esporte – todas essas experiências criam espaços potenciais para relações mais criativas. A boa oferta de experiências estéticas é um recurso poderoso para que haja o estabelecimento de boas relações, boas alianças, e a criação de ambientes favoráveis ao desenvolvimento. Depois do isolamento da pandemia, muitos tiveram a sensação de estar saindo de um "cativeiro", redescobrindo a cidade, reencontrando as pessoas, ávidas por conversas autênticas e significativas e interações com bons objetos.

Felizmente não precisamos viver uma experiência como a de Joy e Jack para nos tornarmos porosos e empáticos com o sofrimento deles. As obras de arte podem favorecer a expansão de nossa capacidade de acolher a experiência com a alteridade a ponto de compreendermos que aquilo que consideramos bárbaro também nos constitui, pois, como dissemos anteriormente, somos bárbaros em potencial. Esse é um dos aspectos da nossa ambivalência. Esses momentos estéticos podem descongelar experiências que, de tão traumáticas, foram silenciadas. Então, lembremos que "todas as dores podem ser suportadas se sobre elas pudermos contar uma história".[5]

Referências

Abrahamson, L. (Diretor). (2015). *O Quarto de Jack* [Filme]. Universal Studios.

Andrade, C. D. de. (2022). Campo de Flores. In C. D. de Andrade, *Claro enigma*. Record. (Texto original publicado em 1951)

Mohn, B. (1957). Talk With Isak Dinesen. *The New York Times*. https://www.nytimes.com/1957/11/03/archives/talk-with-isak-dinesen.html?smid=url-share

Badiou, A. (2014). *A República de Platão recontada por Alain Badiou*. Zahar.

Bakhtin, M. (2016). Os gêneros do discurso. In M. Bakhtin, *Os gêneros do discurso*. Editora 34. (Texto original publicado em 1952-1953)

5 Esta frase tem sido atribuida a Hannah Arendt, mas descobrimos a origem verdadeira: "All sorrows can be borne if you put them into a story or tell a story about them", Karen Blixen, conhecida pelo pseudônimo Isak Dinesen. Entrevista concedida ao jornalista Bent Mohn, publicada no The New York Times Book Review em 3 nov. 1957.

Bollas, C. (2015). *A sombra do objeto*. Escuta. (Texto original publicado em 1987)

Bollas, C. (2021). *Forças do destino*. Escuta. (Texto original publicado em 1989)

Carroll, L. (2017). *As aventuras de Alice no país das maravilhas*. Companhia das Letras. (Texto original publicado em 1865)

Dumas, A. (2012). *O conde de Monte Cristo*. Zahar. (Texto original publicado em 1846)

Ferenczi, S. (2011). Confusão de língua entre os adultos e a criança. In S. Ferenczi, *Psicanálise IV*. Martins Fontes. (Texto original publicado em 1933)

Ogden, T. (1996). *Os sujeitos da psicanálise*. Casa do Psicólogo. (Texto original publicado em 1977)

Rosa, J. G. (1982). *Grande Sertão: Veredas*. (15a ed.). Livraria José Olympio. (Texto original publicado em 1956)

Wenders, W. (Diretor). (2023). *Dias perfeitos* [Filme]. DCM/Bitters End.

8. Quando o silêncio é traumático: o não dito e o desmentido no âmbito familiar[1]

Vanessa Chreim, Adriana Meyer Gradin, Bruno Gueldini, Celina Diaféria, Katia Piroli, Arianne Angelelli, Andréa Acioly Maia Firmo e Milton Jeronimides[2]

Não é preciso ser um psicanalista para constatar que as dinâmicas familiares foram intensamente abaladas pela adoção de discursos polarizados no âmbito político, cultural e social dos últimos anos. Quase todos os brasileiros perceberam que os acalorados conflitos das redes sociais chegaram à mesa do almoço de domingo, tomado por cenas de intolerância e agressividade que levaram ao rompimento de relações. Contudo, sabemos que há também formas de violência familiar que podem ser muito silenciosas, mantendo o vínculo entre

1 Artigo publicado originalmente no *Jornal de Psicanálise*, 56(105), 171-186, 2023. Nesta reprodução do texto, o termo "Recusa" foi grafado em maiúscula para estar em harmonia com o resto do livro.

2 Este capítulo deriva de uma produção coletiva de 2022, no âmbito da disciplina do prof. dr. Luís Claudio Figueiredo, no curso de pós-graduação em Psicologia Clínica da Pontifícia Universidade Católica de São Paulo (PUC-SP). Agradecemos à Coordenação de Aperfeiçoamento de Pessoal de Nível Superior (CAPES) pelo financiamento de nossas pesquisas, bem como a Berenice Brandão e Lucas Grossi pela colaboração no trabalho original.

os membros, mas ao custo de uma violação de suas subjetividades, seja por conservarem laços simbióticos e fusionais, seja por enclausurarem os sujeitos na solidão. Nesse sentido, há dinâmicas familiares que podem se tornar traumatogênicas, perpetuando um circuito destrutivo em que há pouca escuta do sofrimento do outro, muita dificuldade de elaboração dos conflitos e pouca flexibilidade para a reconfiguração dos laços entre os membros.

Silenciamentos e não ditos podem ser tão destrutivos quanto palavras ferinas, gritos, ofensas e até agressões físicas. São formas veladas de manifestação da agressividade que se perpetuam por meio de Recusas[3] e desmentidos, que tornam a dinâmica familiar adoecedora e excludente, embora haja esforços (conscientes e inconscientes) de todos os membros para não desfazer a ilusão de união. Na clínica, escutamos o sofrimento de pacientes que se inserem na família a partir de um lugar de "não ser", onde parecem ouvir o seguinte discurso: "Estamos muito felizes de tê-lo conosco, mas, por favor, deixe sua singularidade fora da mesa". Apesar de reconhecerem o quanto se sentem agredidos, nem sempre conseguem se impor, tirar a mordaça que os silencia ou se separar da família.

O filme *É apenas o fim do mundo*,[4] de Xavier Dolan (2016), nos inspirou a refletir sobre formas de violação da subjetividade no âmbito de dinâmicas familiares em que a violência se repete, mas não é admitida. Por um lado, o filme evoca situações-limite de ruptura e adoecimento psíquico; por outro, ele nos convida a pensar que o familiar traz sempre o incômodo do infamiliar, essa inquietante estranheza em relação ao outro que funda a nossa identidade, mas que

---

3 Usamos o termo "Recusa" para traduzir o conceito freudiano de *Verleugnung*, que já foi traduzido em outros lugares como "negação". Refere-se à não admissão da realidade psíquica.

4 Indicamos acompanhar a leitura com a trilha sonora do filme, disponível no Spotify: https://open.spotify.com/playlist/08j2CoeoQr3MUM9GZLTPMk?si=rEHkFxLb-QKKM1S30uR71dA&pi=u-SjdARCRpRJOU.

pode se tornar alienante. Assim, utilizaremos o filme como disparador dessas reflexões que nos remetem a diversas situações clínicas com as quais nos deparamos em nossos consultórios, envolvendo, inclusive, os traumas transgeracionais e sua transmissão psíquica.

O fantasma de um não dito: a partida e o retorno de Louis

Ao assistir ao filme *É apenas o fim do mundo*, o espectador vai sendo conduzido a uma espiral de agressividade e destrutividade, marcada por explosões verbais que se desenrolam em cenas densas, relações complexas, silêncios atormentadores, brigas e revelações. Vaiado ao final de sua primeira exibição no Festival de Cannes, em 2016, o filme apresenta o potencial de despertar um sentimento inquietante e perturbador, como no conceito freudiano de *Unheimliche* (Freud, 1919/2010a). As obras de arte sempre têm esse potencial de trazer à tona aspectos cindidos e memórias traumáticas daquele que é impactado por elas e, assim, podem ser catalisadoras de elaborações emocionais, mas também podem ser rejeitadas como forma de defesa do psiquismo que não dá conta de processar esses elementos. Por isso, do espectador é exigido o esforço de metabolizar os conteúdos indigestos que emergem de uma família permeada por segredos, não ditos e um forte fundo melancólico.

O filme se inicia num avião. Louis (Gaspard Ulliel), um jovem dramaturgo, retorna para a casa da mãe após doze anos: quer contar à família que vai morrer, mas no final parte sem dizer a que veio. Angústias e expectativas atravessam toda a família, que se prepara para recebê-lo num almoço de domingo: sua mãe, Martine (Nathalie Baye), seu irmão mais velho, Antoine (Vincent Cassel), sua irmã caçula, Suzanne (Léa Seydoux), e sua cunhada, Catherine (Marion Cotillard). Ao chegar, o clima logo fica tenso: a cunhada tenta conversar com Louis, enquanto seu marido lhe dispara críticas hostis que dificultam a tentativa de aproximação. Suzanne está ávida pelo encontro com o irmão, mas é censurada constantemente por Antoine.

Ao longo do dia, Louis tem a oportunidade de estar a sós com cada um dos presentes, e as feridas voltam a sangrar. Como enuncia a música de abertura, "Home is where it hurts" (Dalmais & Dalcan, 2008), trata-se de um lar sem espaço de sustentação e mediação para encontros e diferenciações. Lá não se conversa; parte-se ao ato: Antoine dispara ofensas e gritos; Suzanne se anestesia com o uso de drogas, quando não está berrando com sua mãe, Martine, que tenta ruidosamente mudar o foco das atenções toda vez que os conflitos aparecem; e Louis, que viaja à casa da família, mas não consegue dizer uma palavra sobre si aos outros. Constrangida, a cunhada tenta conversar, mas percebe que há assuntos interditados naquela casa.

Por sua vez, Martine tenta criar uma atmosfera de festa. Desde o início a vemos se preparando para receber Louis, preocupada com o esmalte de unha que não seca a tempo, como o verniz que ela tentará colocar por cima de todas as tensões do dia, para não aparecerem as rachaduras e os desafetos. Contudo, apesar de todo o seu esforço para maquiar as relações, ela não consegue manter o cenário amistoso que tentou construir. Fica clara a ambivalência da qual todos da família se defendem: um ódio tácito de Louis por ter partido, acompanhado de um amor pelo irmão que agora retorna. Por que Louis sumiu por doze anos e somente agora resolveu voltar? É a mãe quem dá voz à regra da casa que aprisiona todos em uma rede de incompreensão: não tragam à tona as dores do passado. A premissa é a do silenciamento de todos os desafetos, a qual culmina na montagem de uma cena falsa de boa convivência.

No entanto, inevitavelmente, cada conversa reaviva o passado indigesto. Assim como o relógio-cuco na parede da casa, vemos a compulsão à repetição (Freud, 1920/2010b) determinando a dinâmica familiar, em que a agressividade se liga a um fundo melancólico que não pode ser transformado, a diversos lutos que não puderam ser processados. E Louis segue silencioso, surpreendendo-se com o que escuta, mas sem esboçar empatia, interesse ou mesmo qualquer gesto reparatório. Ao fim do almoço, Louis decide não contar sobre a sua morte, mas anuncia que chegou a hora de ir embora, o que funciona como uma faísca que incendeia a fúria de Antoine. Ele levanta e o põe para fora, exclamando: "Ele disse que precisa partir!". Nesse momento, Antoine quase dá um soco em Louis, mas se contém e desmonta, caindo no choro.

É preciso destacar que o pai de Antoine, Louis e Suzanne não aparece no filme, mas sua presença-ausência se faz sentir na dinâmica familiar, como o fantasma de um não dito. Não sabemos se ele morreu ou se os abandonou, mas ele é recordado pelos célebres passeios de domingo, ritual que foi interrompido pelo nascimento de Suzanne.

O peso das perdas

A figura da matriarca da família nos permitirá uma compreensão sobre os mecanismos de defesa ante o trauma, que afastam o sujeito de sua realidade psíquica ferida por meio de cisões e do silenciamento das dores. Como muitas mães, Martine parece supor que sua função consiste em prover a todos uma experiência feliz e agradável de encontro, sem deixar que surjam conflitos. Com isso, sustenta e incentiva o silenciamento de todos os sentimentos de tristeza e rancor. Trata-se de uma mordaça violenta que perpassa as relações familiares, ainda que de forma sutil e inconsciente: não se pode expressar o ressentimento de anos, e todos devem fazer parecer que nada aconteceu. Assim, o silenciamento do evento traumático e das dores decorrentes prejudica sua elaboração, mas não impede que esses conteúdos se manifestem de outras formas.

Martine prepara a refeição com muito cuidado, veste-se pensando em agradar Louis, faz as comidas de que ele gosta, e com gestos teatrais faz de tudo para interromper os diálogos que ameaçam inflamar. Sua tática é causar muito barulho de festa para silenciar as vozes do passado que nunca puderam falar sobre o que houve e, dessa forma, recobre tudo com um tom de falsidade.

Assim, observa-se uma dinâmica em que todos devem ficar de olhos e boca fechados em relação às feridas – estratégia à qual muitos tentam recorrer atualmente para retomar o convívio familiar. No entanto, como psicanalistas, sabemos que quando o passado não é enfrentado, ele se presentifica em diversas formas de mal-estar. A idealização da família unida costuma produzir cenários assim, onde todos estão juntos, mas a distância afetiva é enorme. Uma conexão emocional real envolve uma aceitação da alteridade de cada um, o que requer o luto das expectativas e das projeções malogradas. Então, é preciso admitir a dor, a raiva e toda a ambivalência envolvida nas relações.

Para que as feridas cicatrizem, precisam ser reconhecidas; porém, Martine busca desalojar o mal-estar varrendo-o para debaixo do tapete, em vez de digeri-lo. Tal atitude nos remete ao funcionamento da defesa maníaca,[5] um extravio do processo de luto – como propõe Klein (1940/2023) – em que há uma Recusa da realidade psíquica de um mundo interno cheio de objetos destruídos e irreparáveis. Martine, no entanto, resiste em admitir que a retomada do vínculo dos irmãos esbarra em alguns limites e, ao mesmo tempo, não dá chance de que algo novo possa ser criado, pois faz de conta que nada mudou.

O movimento maníaco de reparação onipotente se baseia na ilusão de que é possível ressuscitar objetos internos que já estão mortos, ao mesmo tempo que se busca avidamente por vida nos objetos externos. Trata-se de uma defesa pseudovitalizante (Figueiredo, 2018) em que o sujeito artificialmente se convence de que não se sente moribundo. A defesa, nesse caso, opera de modo similar à alucinação, em que o psiquismo é entorpecido com estímulos excessivos que calam as angústias depressivas. Tal funcionamento de Martine se explicita na cena emblemática da recordação dos domingos em família: quando a narrativa chega ao momento de interrupção desse

---

5 Sobre o tema da Recusa na defesa maníaca, ver o Capítulo 10 – A defesa maníaca: uma dimensão da Recusa.

ritual, a cozinha é tomada por uma certa melancolia, e a mãe, em uma atuação maníaca, aumenta o som do rádio e insiste para que Suzanne dance com ela.

Com Antoine e Suzanne, a mãe desmente o peso da ausência de Louis toda vez que eles falam do tema. É apenas num momento *tête-à-tête* com Louis que ela consegue ser mais explícita e sincera com ele e falar de sua mágoa de forma crua e agressiva, deixando de lado a máscara que usava na frente dos outros. Ela conta como todos se sentiram feridos por Louis, mas diz tudo com tal brutalidade que nos remete às palavras de Bion (1959/1967): "Verdade sem amor é crueldade". É assim que as coisas são ditas nessa família, e em muitas outras.

Martine diz a Louis: "Você acha que não te amamos, que não te entendemos. Você está certo, não te entendo, mas te amo. Ninguém tirará isso de mim". E, com ironia, acrescenta: "Escreva isso para uma das suas peças". Mas será que é possível amar alguém sem compreendê-lo no nível de suas necessidades e seus afetos? Essa questão nos remete às famílias em que um dos membros só consegue participar do encontro se deixar o seu desejo "no armário" – não apenas as questões referentes à sexualidade, mas também opiniões, interesses e paixões. Como pode alguém se sentir amado por um outro que não o conhece de verdade? Ou não o quer conhecer?

No caso da relação entre Martine e Louis, a mágoa e a decepção parecem ser de mão dupla, mas o ressentimento do filho se manifesta no silêncio: ele não reage às acusações da mãe nem se emociona. Como psicanalistas, sabemos que a indiferença é uma forma terrível de destrutividade, de modo que o silêncio de Louis por doze anos também tem um efeito traumático sobre sua família, com o qual sua mãe o confronta falando do modo como cada um foi impactado por sua partida. Mas também o retorno de Louis é potencialmente traumático: sem contexto, explicação ou sentido, traz de volta o mal-estar que Martine tenta abafar.

Mas é preciso reconhecer que essas estratégias defensivas são a forma como Martine pôde suportar suas dores, que desconhecemos, mas entre as quais figuram o afastamento radical de um filho, a perda de um marido e o peso de ter cuidado da família quando era jovem. Contudo, o silenciamento das dores do passado contribui para que toda a família viva uma temporalidade cíclica em que o fim da visita de Louis remete à sua partida doze anos atrás, como um momento traumático que está sempre prestes a se repetir. O fracasso do almoço familiar, contudo, não muda a convicção da mãe, que acredita que jogar perfume disfarça o mau cheiro das feridas necrosadas. Por fim, diz a Louis: "Na próxima vez estaremos prontos para você".

Gritos que dão voz à dor silenciada

É comum que um dos membros da família se torne o depositário do mal-estar entre eles, e que por isso seja acusado de ser o perturbador da ordem, como é o caso de Antoine. Não raro, essa atitude familiar tem o efeito de um desmentido, quando lhe dizem que ele está descontrolado sem motivo, e que tudo o que diz e pensa não é real, e sim uma dramatização. Como explica Ferenczi (1933/2011), o desmentido é o ato de deslegitimar o relato de uma vítima de violência, e é o que torna o trauma patogênico, pois faz com que o sujeito deixe de confiar em suas próprias percepções. Essa é uma forma terrível de violação da subjetividade, pois gera na vítima a dúvida em relação à sua própria realidade psíquica, à veracidade de seus sentimentos e seus pensamentos, podendo produzir a sensação de enlouquecimento. Quando essas "ovelhas negras" chegam em nossos consultórios, a escuta do psicanalista dá voz à dor silenciada do paciente, e frequentemente compreendemos que ele causa incômodo à sua família por denunciar as verdades inconvenientes das quais ninguém quer saber.

Antoine é um personagem que se destaca no filme por sua agressividade, pela violência de suas palavras ferinas dirigidas sobretudo à esposa e à irmã, ridicularizando seus esforços de se aproximarem de Louis, que é recebido como o filho pródigo. Mas por trás desses "espinhos" e desses ataques podemos perceber que se trata de um sujeito muito sensível, para quem o contato com os outros pode despertar um "vulcão em erupção". Enquanto Louis defende-se das turbulências emocionais pelo retraimento, Antoine parece funcionar segundo o lema: "A melhor defesa é o ataque". Apesar de estar extremamente ferido, ele faz de tudo para tentar tirar a mordaça e trazer à tona o mal-estar que a mãe insiste em abafar, resistindo ao silenciamento, ainda que seja sempre acusado de perturbar a convivência de todos. Todavia, seus gritos comprometem o conteúdo do que suas palavras expressam: o dito é falado tão alto que ninguém, nem ele mesmo, consegue ouvir.

O conceito de fúria narcísica concebido por Heinz Kohut (1984) nos possibilita uma reflexão interessante sobre Antoine, ao explorar a relação entre o narcisismo e a agressividade. Quando há graves perturbações do equilíbrio narcísico, aparecem em cena os dolorosos afetos da vergonha e do constrangimento, que derivam do sentimento de inferioridade ou amor-próprio ferido. A fúria narcísica, segundo Kohut, é uma reação; é um recurso análogo ao protótipo defensivo de luta e fuga de alguns organismos biológicos ao serem atacados: "o indivíduo narcisicamente vulnerável responde à ferida narcísica real (ou antecipada), seja com a retirada tímida (fuga), seja com a fúria narcísica (luta)" (p. 99). Louis se retrai, Antoine se enfurece.

Kohut propõe que a interação da criança com o seu ambiente primário influencia a coesão do seu *self* e a "formação de estruturas psíquicas idealizadas" (p. 82). Ele destaca que as "vicissitudes da formação inicial do *self*" estão ligadas à sensação de vulnerabilidade do sujeito, à construção de sua segurança narcísica na vida adulta, gerando impactos diretos sobre a sua "autoestima, a necessidade de louvor, a fusão a figuras idealizadas e outras formas de amparo narcísico" (p. 87).

No caso de Antoine, vemos como a partida de Louis abalou seu narcisismo, pois foi vivida como abandono: na infância, os irmãos tinham uma relação muito íntima e carinhosa, mas o mais novo foi para o mundo e não olhou para trás. Antoine parece muito magoado com ele, talvez tenha sentido que Louis não o considerou importante o suficiente para que voltasse a visitá-lo, nem mesmo na ocasião de seu casamento. Assim, no dia do almoço, o suposto interesse de Louis em saber dos filhos dele gera seu primeiro rompante de agressividade, denunciando que esse gesto não compensa a dor dos doze anos de sua ausência.

Há também uma questão nebulosa em relação ao nome dos irmãos: o nome do pai deles foi dado a Louis, e não ao primogênito. Por sua vez, Antoine também não quis dar seu próprio nome ao filho, porque acreditava que daria azar, e chamou seu filho de Louis. Sabemos que o nome de cada um dos membros de uma família tem um peso muito grande, envolve uma série de projeções e conteúdos inconscientes de pais, avós e demais antepassados, bem como expectativas para o futuro. Aqui deparamos com o não dito, ou com elementos que, como expectadores, não conhecemos: quem foi Louis, o pai dessa família? Quem foi o Antoine que inspirou o nome do primogênito?

Ligado a essas hipóteses das feridas narcísicas de Antoine, há um novo aspecto: Martine esperava que, na ausência do marido, Louis assumisse a responsabilidade como figura parental substituta. Aos olhos dela, ser o homem da casa não é uma questão de idade (Antoine é o mais velho), mas "o status, o salário, a sorte, a beleza, os dons, a coragem, e as outras coisas que nos conferem maior ou menor valor aos olhos dos outros". Louis foi aquele que teve sorte, e por isso deveria pagar o preço de sustentar emocionalmente a família, como Martine teve que fazer quando era mais jovem. Assim, Antoine e Suzanne permaneceram fiéis à mãe, sempre ao seu lado, amarrados por uma dívida que Louis não quis assumir. Mas o primogênito parece ter a sensação de que foi ultrapassado pelo irmão, ficando à sombra, num lugar de vergonha e resignação de quem não foi muito longe. Antoine está sempre prestes a explodir ou ser ironicamente mordaz, mas podemos perceber, para além disso, a imensa dor que ele carrega, uma ferida narcísica que se faz ouvir em diversos momentos do filme. Quando os familiares se queixam de seu comportamento, ele ironiza: "Antoine mau, estragou o dia", denunciando que invariavelmente é considerado culpado pelas mazelas familiares.

Com sua fúria, Antoine expõe o quanto a imagem de família feliz almoçando em um dia de domingo não apaga a dor do rompimento. Kohut compreende que os pacientes caracterizados pela fúria narcísica têm uma necessidade incessante de reparar a afronta do passado, de desfazer a ofensa sofrida a qualquer custo, de forma compulsiva. Antoine parece clamar por alguma forma de reconhecimento de que foi lesado e de que ocupa o lugar de bode expiatório para que os outros não olhem para si mesmos. Por isso, incessantemente, ele aponta os defeitos de todos e está sempre pronto para ridicularizar o outro, revidando na mesma moeda da humilhação, que caracteriza as feridas narcísicas.

Podemos compreender que os ataques de Antoine são uma reatividade a qualquer sensação de repetição, de novas ameaças ao narcisismo e de revivência da relação traumática. Por isso, o mero olhar de Louis para o relógio na hora da sobremesa já deixa Antoine sobressaltado, e ele se enfurece diante da iminência dessa nova separação. É ele quem, enfim, resolve levar o irmão embora e abreviar a angústia da partida. Assim, expulsa Louis de casa antes que ele os abandone. Por vezes, quando o sujeito não se sente escutado e legitimado em seu sofrimento, o desespero o faz gritar e se afastar de todos aqueles que possam novamente feri-lo. Paradoxalmente, também promove o silenciamento dos outros por meio de seus rompantes de agressividade.

O impacto dos não ditos

No contexto dos mitos familiares, dos segredos e dos não ditos, parece ter havido uma ruptura na história da família com o nascimento de Suzanne. Segundo a narrativa familiar, os passeios de domingo eram momentos muito afetivos, até que ela nasceu e fez com que não "valesse mais a pena". Nada é explicado para o espectador, ficamos apenas com interrogações sobre esse luto, que deixa uma sombra melancólica sobre Suzanne, sombra de algo perdido do qual só temos notícia pelo mal-estar gerado.

O conceito de histórias recobridoras de Inglez-Mazzarella (2021) nos ajuda a pensar sobre a nostalgia dos domingos, cuja lembrança faz referência tanto a Suzanne quanto a seu pai. Segundo a autora, são histórias que encerram um discurso fixo que não permite reinterpretações. Inglez-Mazzarella propõe que a Recusa é o mecanismo de defesa que está em jogo, e não o recalque: as histórias recobridoras têm a função de esconder o não dito, ocultar o impensável, e silenciar as interrogações para que não se entre em contato com o fundo traumático, que as histórias tentam esconder. Elas não geram abertura para a criação de novos sentidos: são mitos que não podem ser historicizados, pois sobre eles não se fazem perguntas e não se oferecem diferentes respostas. Ninguém da família sabe dizer o que houve, só se sabe narrar o acontecido sempre com as mesmas palavras, blindando as memórias para que não despertem seu potencial afetivo traumático quando colocadas em contexto. Desse modo, o vivido não se converte em uma experiência emocional passível de elaboração. Assim, no filme, os famosos domingos são narrados de forma idílica, preservando o momento idealizado, para não pensar sobre a mudança dos tempos e da dinâmica familiar. Nessa aura nostálgica, o brilho fica concentrado nessa lembrança, não deixando outras associações e memórias surgirem.

E é atravessada por essa história cheia de não ditos que Suzanne ocupa seu lugar na família. Ela parece tomada por uma nuvem de elementos não pensados, que ela percebe e sente, mas aos quais não consegue dar sentido, e que podem intoxicar o psiquismo. É assim na sua relação com Louis: ela parece ter se relacionado apenas com a sombra do irmão, como o fantasma de alguém muito importante, mas que só pôde conhecer por meio de uma narrativa familiar viciada e de reportagens do jornal, as quais ela colecionava. Quando o encontra,

Suzanne diz ter sentido muita falta dele, percebendo o rastro dolorido de sua partida na vida de todos, mas não tinha conhecido o Louis que foi embora, muito menos o irmão que retornava.

Além disso, parece ser constantemente tratada como alguém cuja opinião não interessa muito, e com frequência é desacreditada e desqualificada. Em alguns momentos, tem rompantes de agressividade, em que não consegue conter nem expressar o que sente ou o que pensa, mas não há disponibilidade da família para escutar suas dores e compreendê-la. Tudo o que dela vem parece ser insignificante para os outros, restando-lhe um lugar de pouco investimento narcísico.

Suzanne parece estar sendo desautorizada pela dinâmica familiar: o efeito traumático é o mesmo do desmentido, como mencionamos anteriormente, em que a realidade psíquica do sujeito é deslegitimada pelo discurso do outro. Por vezes, o sujeito também silencia seus próprios sentimentos e pensamentos, questionando seu senso de realidade e duvidando de sua própria capacidade de interpretar aquilo que vive. Assim, sua dor psíquica não é acolhida pelos outros e, por vezes, nem por si mesmo, de modo que não encontra eco para a elaboração de tudo o que percebe e sente. Suzanne nos parece muito atordoada, e, sem encontrar continência, acaba explodindo com o excesso de tensão e confusão.

Podemos compreender que o uso de drogas pode ter sido uma forma que Suzanne encontrou para se acalmar e se desconectar de todo esse caldo afetivo, como uma forma de anestesia, de defesa contra a dor da solidão traumática, do desamparo e dos excessos que a atravessavam. A partir do referencial winnicottiano, podemos pensar nas adicções como uma forma de defesa contra a angústia de separação a partir da Recusa,[6] como um extravio dos fenômenos transicionais (Winnicott, 1971/1975). O objeto transicional só pode ser construído a partir de um objeto interno confiável e acolhedor, que

---

6 Nos textos de Winnicott, o termo que ele usa é negação, mas o sentido é o mesmo de *Verleugnung*.

possibilita tolerar a separação do objeto real porque há a esperança de um reencontro, ainda que seja simbolicamente. Já o jogo de presença e ausência entre Suzanne e sua mãe remete a uma dinâmica sofrida de abandono e de invasão, em que a presença remete ao inevitável desencontro, e a ausência traz a sombra de uma experiência mortífera de desamparo. Além disso, seu psiquismo é povoado por fantasmas – seu pai e seu irmão – que se fazem presentes pela ausência. Segundo Winnicott, a adicção opera como o objeto fetiche: está sempre disponível, não decepciona, mas é uma forma de não admitir a separação e a dor das perdas que permeiam os relacionamentos.

Outra forma de tentar lidar com a separação é a agressividade: nessa dinâmica fusional entre Suzanne e Martine, há um vínculo simbiótico do qual a filha tenta se libertar, podendo ter a sensação de se diferenciar de sua mãe ao atacá-la. Mas, como sabemos, o ódio é uma das formas mais fortes de se manter ligado ao objeto, e nesses rompantes Suzanne se cola e se mistura à mãe, revelando a sua dificuldade de discriminar quem é ela sem a mãe. Essa dinâmica destrutiva fusional é muito presente nos nossos consultórios, quando atendemos a pessoas que criticam e atacam suas famílias, mas não conseguem se separar delas, parecem serem sugadas de volta numa areia movediça. Alguns, como Suzanne, não conseguem sustentar essa posição subjetiva menos dependente e, de forma inconsciente, se defendem da quebra dessa simbiose, que oferece o senso de proteção e pertencimento, mas às custas de se submeter a um cativeiro psíquico.

A violência do silêncio e do abandono

A escolha do título do filme, *É apenas o fim do mundo*, nos convida a pensar que a família é o nosso primeiro mundo e que o sofrimento produzido no âmbito desses relacionamentos pode ser sentido como o colapso do senso de segurança e confiança. Em contrapartida, quando é possível fazer uma saída exogâmica, descobre-se que há vários mundos que se pode habitar, num movimento de passagem de dentro para fora, de ida e retorno. No caso de Louis, algo se tornou insuportável na convivência familiar, o que o fez partir sem olhar para trás; coisas tão desconhecidas como a dinâmica inconsciente do que foi dito e do que não foi dito. Mas doze anos depois, e com uma morte anunciada, seus objetos internos o convocam de volta.

À primeira vista, poderíamos pensar que entendemos por que Louis se foi e não quis voltar por tanto tempo, pois, ao assistir ao filme, sentimos o mal-estar da dinâmica familiar. Contudo, não é possível pensar sobre a relação entre todos os personagens sem considerar que Louis é também um protagonista da cena familiar, e tanto a sua presença como a sua ausência têm grande impacto nos demais. Ele tinha dores que o fizeram partir, mas também deixou dores naqueles que abandonou.

Em seu retorno, Louis tinha esperança de poder ver a casa antiga de sua infância e como ela havia envelhecido, o que teria se passado com suas memórias. Podemos pensar tratar-se de um interesse pelo passado, talvez uma busca por reintegrar um pedaço de si de que se separara por todo esse tempo, mas sua proposta é mal recebida por Antoine. É como se Louis quisesse saber da casa em ruínas, mas não do que aconteceu com as pessoas que lá moravam. Esse aspecto parece escapar-lhe, e ele tem dificuldade de acolher as vulnerabilidades e os sentimentos de seus familiares: como uma tartaruga que coloca a cabeça para fora do casco quando é seguro, ele vai conversando com os familiares, mas logo se assusta com a reação dos outros e com as decepções que vive nesses vínculos, e então o retraimento e o desligamento aparecem como formas de se proteger da dor do contato com o outro. Como Louis, muitos pacientes tentam se reaproximar de suas famílias, mas não é fácil digerir o reencontro, inclusive quando é permeado pelos bons momentos, que despertam uma grande ambivalência.

Mas a expectativa de Louis de um recomeço vai minguando: algo desses vínculos já se perdeu e não é mais recuperável, e ele começa a pensar que talvez eles não chorem ao saber que ele está morrendo. É só agora que ele percebe que a família o perdeu, e ele perdeu a família, por ter se mantido em silêncio nesses doze anos. Como nos relembra Winnicott, a perda do contato emocional é muito mais importante do que a distância real. Ou, no caso de Louis, talvez tenha sido a distância emocional que o fez partir.

Escondido debaixo desse manto de proteção, Louis não se abre para o contato emocional, protegendo-se da ameaça de violação. Há uma dor da qual ele não pode falar. Como o passarinho que entrou em casa nos últimos momentos do filme e morre se debatendo na janela, Louis enfrenta o duro luto dos vínculos familiares e parece novamente convencido de que ficar seria morrer aprisionado numa teia de incompreensão, e a única forma de respirar é partir para o mundo. Por fim, perde a esperança de uma comunicação emocional com os familiares, desiste de fazer a revelação acerca de sua morte e parte sem dizer a que veio.

Considerações finais

Ao longo deste capítulo, vimos o quanto o fantasma de um não dito, associado à Recusa e ao desmentido, pode impactar uma dinâmica familiar, contribuindo para conservar modos de funcionamento enclausurantes e solitários. A transmissão psíquica inconsciente do trauma pode atravessar as dinâmicas familiares justamente por terem sido silenciadas as histórias e as narrativas sobre as experiencias emocionais do passado: o silêncio pode ser ensurdecedor, e não deixa de intoxicar os vínculos. Assim, forma-se um circuito de compulsão à repetição retraumatizante, que perpetua formas violentas de se relacionar. Há diversas formas sutis de silenciamento, pactos inconscientes, que atravessam uma família e podem aprisionar o sujeito em seu mundo interno adoecido, perturbando seus processos de elaboração emocional das experiências vividas e dificultando a capacidade de pensar, representar, simbolizar e sonhar.

Diante desse quadro, podemos nos perguntar sobre o lugar do analista, que, vindo de fora, pode por vezes se encontrar em posição de trazer outros elementos para absorver os não ditos e as percepções sobre o que se passa entre a família. Mas isso não é uma tarefa fácil, sobretudo na medida em que reconhecemos que o analista também é convidado, via transferência, a compactuar com a rigidez das organizações familiares. Mas se ele consegue ocupar esse lugar de alteridade e estranhamento, bem como sustentar um lugar de estrangeiro, há chance de romper com a cristalização dos laços e a compulsão à repetição, dando abertura para que algo novo apareça.

Sabemos que o mal-estar é inevitável, mas é possível ocorrerem transformações no campo dos relacionamentos, cuja compreensão e a comunicação podem fortalecer laços de confiança e criatividade, ambos fundamentais para seguirmos em frente diante de tempestades. A aposta é que, em um processo de análise, algo possa ser resgatado quando o sujeito recupera a possibilidade de ouvir sua parte ferida e silenciada, se posicionando frente ao que é possível esperar de sua família, ainda que escolha se afastar.

Assim, quer a família tenha sido um ambiente suficientemente bom ou não, há uma travessia que se coloca para todos no processo singular de subjetivação, como bem descrito por Márquez (1985/2019): "se deixou levar por sua convicção de que os seres humanos não nascem para sempre no dia em que suas mães os dão à luz, e sim que a vida os obriga outra vez e muitas vezes a se parirem a si mesmos" (p. 205).

Referências

Bion, W. R. (1967). Ataques ao elo de ligação. In W. R. Bion, *Estudos psicanalíticos revisados*. Imago. (Texto original publicado em 1959)

Dalmais, C., & Dalcan, D. (2008). Home is where it hurts [Gravada por Camille Dalmais]. In *Music Hole* [CD]. Virgin Records.

Dolan, X. (Diretor). (2016). *É apenas o fim do mundo* [Filme]. Sons of Manual/MK2 Productions/Téléfilm Canada.

Ferenczi, S. (2011). Confusão de língua entre os adultos e a criança. In S. Ferenczi, *Psicanálise IV*. Martins Fontes. (Texto original publicado em 1933)

Figueiredo, L. C. (2018). *A psicanálise: caminhos no mundo em transformação*. Escuta.

Freud, S. (2010a). O inquietante. In S. Freud, *Obras Completas* (Vol. 14). Companhia das Letras. (Texto original publicado em 1919)

Freud, S. (2010b). Além do princípio do prazer. In S. Freud, *Obras Completas* (Vol. 14). Companhia das Letras. (Texto original publicado em 1920)

Inglez-Mazzarella, T. (2021). *Histórias recobridoras: quando o vivido não se transforma em experiência*. Blucher.

Klein, M. (2023). Luto e sua relação com os estados maníaco-depressivos. In M. Klein, *Amor, culpa e reparação e outros ensaios*. Ubu. (Texto original publicado em 1940)

Kohut, H. (1984). *Self e narcisismo*. Zahar.

Márquez, G. G. (2019). *O amor nos tempos do cólera*. Record. (Texto original publicado em 1985)

Winnicott, D. W. (1975). *O brincar e a realidade*. Imago. (Texto original publicado em 1971)

9. Nuances do ressentimento em *Abril despedaçado*[1]

Carolina Paixão de A. Pinheiro,
Maíra Mamud Godoi, Pedro Sang, Ricardo Cavalcante,
Rodrigo Figueiredo Mello, Thais Siqueira e
Vanessa Chreim

Rapadura é dura, mas é doce. Rapadura é doce, mas é dura. Na vida, a oscilação entre essas duas afirmações é constante. Mas, em alguns momentos, é muito difícil articular esses dois caminhos: a melancolia amarga tudo e, por vezes, se disfarça como doce vingança. Esse é o drama presente em *Abril despedaçado* (Salles, 2001), um filme duro e doce, que nos interroga sobre as possibilidades e as limitações dos trabalhos de luto.

A dimensão das perdas nos atravessa desde o início da vida, com diversas facetas: a vulnerabilidade, a dependência, o desamparo, o desamor, a insuficiência, a incompletude, a insaciabilidade, entre outras. Para conviver com essas dores anunciadas, também é preciso ter a perspectiva de repetição de experiências de prazer, que nos permitem seguir investindo no viver. Assim, consideramos que o processo de luto envolve a separação e a falta, mas também a recuperação da

1 Reprodução do artigo homônimo publicado originalmente na *Revista Brasileira de Psicanálise*, 56(1), 89-103, 2022. Nesta reprodução do texto, o termo "Recusa" foi grafado em maiúscula para estar em harmonia com o resto do livro.

esperança de reencontrar o objeto perdido. Por meio de substitutos, o princípio do prazer mobiliza a busca por objetos e liga o sujeito ao mundo. Nesse sentido, podemos compreender a afirmação de Freud (1920/2010c) de que, em face da inevitabilidade da morte, o trabalho de Eros é prolongar o período de vida, os tempos de espera, os intervalos entre as oscilações de tensão e os espaços de criação.

No filme *Abril despedaçado* nos deparamos com a família Breves, a qual, como diz o nome, abrevia o caminho rumo à morte por meio de uma vendeta que acelera sua extinção. O filme mostra que, por vezes, a desesperança é ocultada por anseios de restituição narcísica frente às injúrias e ao sofrimento vivido, como se fosse possível recuperar o que foi irremediavelmente perdido. A vingança é uma forma de repetição que opera aquém do princípio do prazer. Na medida em que não se aceita perder, nenhuma substituição ou reparação é possível. Assim, o sentimento de injustiça leva a um justiçamento cego e impiedoso.

No filme, o narrador é uma criança sem nome, terceiro filho da família Breves. É um menino, e os irmãos mais velhos são homens crescidos: Inácio é o mais velho, Tonho é o segundo, e ele é apenas Menino. Certo dia, enquanto Menino passeia nos ombros de Inácio, brincando de tapar seus olhos, o irmão é morto por um tiro dado por um membro da família rival, os Ferreira. Seguindo a tradição das famílias, a camisa que Inácio usava permaneceu à vista num varal até que o sangue secasse e amarelasse. Então, seria a vez de os Breves restaurarem sua honra, tirando a vida de um Ferreira. Logo, esse se torna o fardo de Tonho, que deve cobrar o sangue do irmão mais velho. Ao fazê-lo, porém, também sela a sua sentença de morte, uma vez que é o próximo a ser caçado pelos Ferreira, quando a camisa amarelar.

No entanto, o ciclo sangrento, tão bem compactuado entre as duas famílias, é abalado quando aparece uma fresta naquela trama: a chegada de circenses ao povoado, que reconhecem a criança dentro de Menino e despertam-no para a vida colorida da imaginação.

Como uma faísca, o calor desses novos vínculos chega a seu irmão, Tonho, que então se depara com uma encruzilhada: ficar e morrer como bicho, ou fugir e trair a tradição familiar? Esse é o enredo de *Abril despedaçado*, em que camisas ao vento mantêm um circuito de ódio e violência.

O filme nos permite explorar nuances do ressentimento em diferentes modos de funcionamento psíquico, desde os mais adoecidos e rígidos até os mais permeáveis à transformação. Abordaremos algumas dimensões da Recusa[2] (*Verleugnung*) como mecanismo de defesa que atravessa essa trama e que, segundo Kancyper (2018), subjaz aos fenômenos ligados ao ressentimento. A partir da figura do pai dos Breves, analisaremos aspectos defensivos da vingança e os efeitos transgeracionais do rancor e do trauma. Buscaremos delinear de que modo essas dimensões narcísicas destrutivas influenciaram o percurso de Tonho e de seu irmão, Menino. Por fim, abordaremos as possibilidades de reedição da história familiar, seus impasses e suas aberturas.

Destacamos que este capítulo não pretende ser um exercício de psicanálise aplicada a uma produção cultural. O objetivo é dar forma às reflexões que derivaram do impacto causado pelo filme nas discussões entre os autores deste capítulo, contribuindo para o enfrentamento dos desafios clínicos com os quais a psicanálise contemporânea se depara. O ressentimento e seus aspectos traumáticos e indigestos atravessam gerações, num ciclo mortífero de compulsão à repetição, em que o sujeito pode ficar aprisionado numa dívida imaginária com seus ancestrais, alienando-se da condição de ser protagonista da própria vida. O tema nos permite pensar sobre o que ocorre com certos pacientes, saturados de passado, cujo destino parece selado.

---

2 No início da obra de Freud, a Recusa se caracteriza pela atitude dividida entre admissão e não admissão da castração, enquanto nos últimos textos do autor, diz respeito às simultâneas admissão e não admissão da realidade. Para um aprofundamento sobre o conceito de Recusa, ver o livro *Dimensões da Recusa* (Chreim, 2021).

A vingança como defesa

O povoado onde a trama se passa, Riacho das Almas, se caracteriza por uma paisagem e uma estética que nos remetem a miséria, crueza, tragédia e violência. É assim que Menino o descreve: "Fica no meio do nada, em cima da terra e debaixo do sol. Um sol tão quente, mas tão quente, que a cabeça da gente ferve que nem rapadura no tacho". A vida nesse lugar é marcada por vazios e por excessos, um deserto mental assolado pelo trauma, que extermina qualquer gérmen de pensamento.

Kancyper (2018) analisa as raízes traumáticas do rancor por meio da noção de memória do pavor, a impossibilidade de um sujeito traumatizado esquecer as experiências de dor que viveu. Esse funcionamento psíquico envolve uma lógica temporal em que o futuro repetirá as mesmas vivências traumáticas do passado, e, portanto, é preciso sempre se lembrar da ameaça que ronda. Desse modo, o sujeito fica constantemente em estado de alerta e de defesa, sentindo a iminência de repetição da violência sofrida, como os pacientes que Winnicott (1963/1994) descreve no texto "O medo do colapso", os quais temem a ocorrência de uma catástrofe que, na verdade, já aconteceu. Essa é a condição subjetiva que dá o tom ao filme *Abril despedaçado.*

Nessa terra arrasada, o menino narrador expressa sua confusão ao tentar contar sua história, pois há outra da qual ele não consegue se esquecer. Ele quer narrar uma história de desejo e fantasia, mas eventos traumáticos se sobrepõem a ela. O menino tem dificuldade de integrar uma nascente esperança sobre o futuro com as memórias de violência do passado familiar, que continuam muito vivas e assombrosas. Com duas versões da realidade duelando em sua mente, ele fica perdido. É isso o que define a Recusa, mecanismo de defesa que caracteriza o funcionamento psíquico da família Breves de diferentes formas. Por meio das simultâneas admissão e não admissão da realidade psíquica, a Recusa busca proteger o psiquismo do impacto afetivo de experiências traumáticas. No entanto, ela também expõe o psiquismo a novos traumatismos, na medida em que as representações que foram alvo da defesa permanecem como intrusas, desligadas das demais representações, mas ainda embebidas de um potencial tóxico perigoso. Assim, quando a defesa entra em colapso, o retorno do recusado pode produzir efeitos devastadores.

Em *Abril despedaçado*, podemos pensar que a Recusa sustenta uma organização defensiva entre os patriarcas, implicando um custo psíquico também para seus filhos. Kancyper (2018) nos permite compreender de que modo a Recusa transforma o rancor em vingança cega, enraizada em traumas transgeracionais, como os que governam Riacho das Almas. Enquanto organização defensiva, a vingança possibilita a Recusa da realidade psíquica e da dor das perdas, como se um acerto de contas no futuro pudesse compensar o passado de feridas e chagas.

Os Breves são cheios de passado, mas sem perspectiva de futuro. A família vive em condições precárias no sertão, tocando uma bolandeira que transforma cana-de-açúcar em rapadura. Perderam gradualmente as terras que tinham, e as novas formas de produção trazidas pelo progresso anunciam o fim do ganha-pão da família. Se em outras circunstâncias, o nascimento de uma criança poderia trazer uma promessa de esperança, um alento no futuro ou uma aposta na descendência, ali essa dimensão é recusada. O caçula nem mesmo recebe um nome. Assim, o menino sem nome representa, justamente, aquilo que é inominável e impensável para essa família.

O pai dos Breves atribui a responsabilidade de sua miséria aos Ferreira. Assim, o que começou com uma disputa de terras tornou-se um ciclo de matanças entre as duas famílias, em que um a um os jovens são sacrificados em nome dos ancestrais. O pai dos Breves acredita que a restituição da honra possa indenizá-los por todo o sofrimento vivido e, dessa forma, se mantém de pé, graças a um anseio por vingança.

Por trás dessa rivalidade, forma-se um conluio entre os Breves e os Ferreira, como um pacto maligno: cada família tem direito a cobrar da outra o sangue perdido – nada a mais, nada a menos. Tal retaliação é sustentada por um enunciado em que o menos um se torna mais um, ou seja, a perda do outro redime a minha. Essa crença no acerto de contas busca criar a ilusão de que nada aconteceu, como se fosse possível restaurar a condição de antes – antes do trauma, antes da tragédia, antes de a miséria se abater sobre eles. Assim, todos ficam presos na roda do tempo, tentando girar no sentido anti-horário, num relógio orquestrado pela Recusa das perdas irrecuperáveis.

No ressentimento, a esperança renasce como forma de revanche. O rancor do pai dos Breves é muito expressivo, e seu mandato é muito claro: cada um da família tem que cumprir sua obrigação, custe o que custar. Assim, os filhos Inácio, Tonho e o pequeno Menino são sementes que não estão destinadas a brotar e trazer algo novo, mas a restaurar o narcisismo de um pai humilhado. Dessa forma, ele se torna o assassino dos próprios filhos, enviando-os para uma guerra em que não há sobreviventes. Essa faceta impiedosa do ressentimento pode levar à devastação de todo o campo de relações, mas o sujeito está cego quanto ao seu próprio poder de destruição e acredita estar fazendo o bem em nome de valores e ideais muito honrosos. Torna-se, então, um torturador vitimizado.

Além desse aspecto mortífero, Kancyper (2018) explicita o papel defensivo da vingança:

> *Contudo, há outro aspecto do rancor que vale a pena mencionar: ao ter como característica abrigar uma esperança vindicativa, esta pode chegar a operar como um porto na tormenta em uma situação de desamparo, como um último recurso de luta em que o sujeito procura restaurar o quebrantado sentimento da própria dignidade, tanto no campo individual quanto no social, e fomentar assim um destino construtivo. (p. 13)*

O desejo de redenção da honra pode ser importante para o sujeito atravessar circunstâncias penosas, como se ainda houvesse algo pelo que lutar. Mas frequentemente o que subjaz a esse movimento é o desespero, quando já há muito pouco a ser feito. Em tais situações, a desesperança é recusada e maquiada pelo anseio por revanche, de modo que a ferida narcísica se transmuta em uma excitação agressiva. No filme, o sangue não para de correr – mal amarela a camisa, as famílias querem sangue novo.

Como o objeto fetiche (Freud, 1927/2014), essas camisas ensanguentadas articulam as simultâneas admissão e não admissão da castração. Elas fascinam o olhar das duas famílias, uma vez que representam ao mesmo tempo a admissão da morte e a contestação da perda, por meio da promessa de vingança. A Recusa faz com que o tempo, então, deixe de ser um representante da finitude e passe a alimentar a expectativa de uma ressurreição dos mortos.

Desse modo, o pacto entre os Ferreira e os Breves tem uma função defensiva em meio a um contexto traumático e miserável, pois mantém um movimento que, embora repetitivo, circular e homicida, cria a sensação de estar vivo. Nesse sentido, a vingança é uma defesa pseudovitalizante, como a defesa maníaca[3] (Figueiredo, 2018), em que a compulsão à repetição cria a ilusão de se estar vivendo uma renovação, quando na verdade o psiquismo está morto, paralisado e estéril. Tal manifestação da Recusa é comum em pacientes sem esperança ou que sobreviveram à morte, casos em que, segundo Figueiredo (2008), o aparelho psíquico sofreu tantos traumatismos que o paciente vive, mas parte de seu psiquismo está necrosado. Assim, compreendemos que o rancor é o modo de viver dos Breves: esperam a vingança, pois não há mais nada a esperançar.

3 Sobre a Recusa na defesa maníaca, ver o Capitulo 10 – A defesa maníaca: uma dimensão da Recusa.

Essa defesa permite uma inversão da passividade perante a violência, como se fosse possível ser o algoz da própria morte, e não a vítima que sofre o aniquilamento. Winnicott (1990) explora tal dimensão quando aborda o fenômeno da desintegração como defesa, em que a desintegração ativa é provocada para evitar sofrer a desintegração passivamente, ou seja, o psiquismo se fragmenta por meio das cisões para não ser despedaçado pela intensidade da invasão do ambiente. É a isso que se presta a tão defendida honra das famílias rivais no povoado de Riacho das Almas: a honra de morrer atirando, de morrer no calor do ódio e da vingança, em vez de morrer no vazio, na miséria e no desespero.

É muito importante considerar essa dupla face do ressentimento para lidar com suas expressões na clínica, tendo em vista que ele pode ajudar o sujeito a perseverar em situações árduas, mas também pode ocultar a agonia do psiquismo moribundo. A vingança enquanto defesa comporta um paradoxo: ela busca proteger o psiquismo e preservar os últimos fiapos de ligação do sujeito com a vida, mas deixa um rastro que intoxica e aprisiona o viver. No filme, é assim que a cana-de-açúcar se torna veneno.

De certa forma, isso também se manifesta nos pacientes melancólicos e rancorosos, em que o ressentimento leva à destruição de seus relacionamentos. Se por um lado afirmam que a perda e os danos são irrecuperáveis, por outro, não deixam de cobrar o que creem que os outros lhes devem. Assim, o anseio por uma restituição narcísica está ligado a uma voracidade insaciável e a uma expectativa inatingível, de modo que nada nem ninguém é bom o bastante. Portam-se como juízes cruéis e impiedosos – incapazes de preservar o que recebem de bom, de aceitar qualquer forma de reparação – e tornam-se inaptos para a gratidão.

O processo de identificação melancólica, descrito por Freud em "Luto e melancolia" (1917/2010b), nos ajuda a compreender que nessa dinâmica do rancor o sujeito permanece ligado ao objeto perdido por meio do ódio, internalizando-o. Se por um lado, ele não se separa desse objeto interno, a quem tortura em suas mais raivosas entranhas, por outro, destrói qualquer possibilidade de recuperação de um vínculo verdadeiro com os objetos externos. Nesse extravio do luto, o sujeito sabe quem foi o objeto perdido, mas não o que foi perdido a partir de sua morte. É isso o que observamos na família Breves: os mortos são canonizados, mas os vivos valem muito pouco.

O sujeito tomado pelo rancor se afasta de tudo e de todos, e não consegue mais se nutrir das trocas com o mundo. Apesar do sofrimento em que se encontra, permanece convicto de estar restabelecendo a ordem, custe o que custar. Desse modo, apenas segue o seco num ciclo de compulsão à repetição violento e autodestrutivo. No filme, a circularidade do ressentimento e da vingança é representada pelo circuito dos bois na bolandeira, num giro sem saída. À semelhança de um senhor de engenho, o pai dos Breves é dono do futuro dos filhos. Ele os escraviza e tortura por meio de uma dívida transgeracional impagável, da qual será difícil se alforriar.

Remorso e parricídio

Que Deus pai é esse que manda meninos para a morte?

Kancyper (2018) explora a relação narcísica que se estabelece entre um pai rancoroso e um filho redentor, em que as gerações seguintes se veem no dever de indenizar o narcisismo ferido dos antepassados. É por meio desse vínculo que se forma o pertencimento à família, seguindo tradições que conferem o senso de unidade e continuidade. De acordo com o autor, não honrar as dívidas e as expectativas que compõem o ideal esperado dá origem aos sentimentos de vergonha e culpa, que caracterizam o remorso. A partir dessa perspectiva intersubjetiva, podemos delinear os motivos que fizeram Tonho não se rebelar contra o pai e se submeter a seus desígnios como forma de se redimir.

Em "Introdução ao narcisismo" (1914/2010a), Freud explora a relação intersubjetiva que conecta pais e filhos em torno de uma ilusão de restituição narcísica. Uma dimensão do narcisismo sustenta uma ficção ilusória em que pais e filhos se completam, na medida em que a criança vem remediar as renúncias, as decepções e os traumas dos pais. É justamente essa aposta de futuro e o desejo inconsciente dos pais que engendram o psiquismo de uma criança e, ao mesmo tempo, a alienam. O desafio da vida, portanto, é se apropriar de um lugar de pertencimento narcísico, mas o reconfigurando de acordo com as próprias experiências.

Quanto a Tonho e seu pai, vemos que essa dimensão atravessa um vínculo cheio de ambivalência. Se por um lado, Tonho é o filho que tem o poder e o dever de honrar o pai e todas as gerações anteriores, por outro, ele é oferecido em sacrifício, o que transforma esse voto de vida em um voto de morte. Ou seja, trata-se de uma relação de filiação assassina.

Kancyper (2018) recorda que o parricídio e o filicídio são duas faces da mesma moeda: o nascimento de um filho imortaliza os pais, uma vez que a criança se torna herdeira do narcisismo deles, mas o surgimento de uma nova geração também remete à mortalidade da anterior. Esse último aspecto é inadmissível para o pai dos Breves, que não suporta ser ultrapassado pelos filhos e ceifa qualquer tentativa de criar um novo modo de viver e de pensar. É um patriarca que não se deixa apagar.

Em certas situações, o parricídio simbólico não consegue se realizar, porque a figura do pai é permeada por uma ambiguidade entre onipotência e impotência. Assim se apresenta o pai dos Breves: ele encarna a figura de um pai totêmico que se alimenta dos filhos impiedosamente, um homem incastrável. No entanto, ele também é um homem humilhado e pobre de espírito, como se fosse concretamente castrado. Nesse contexto, o parricídio parece mais real do que simbólico, sendo atravessado por intenso sentimento de ódio ao pai, mas também por culpa por atacar um pai tão frágil. Como diz o ditado, é como chutar cachorro morto. É muito difícil para os filhos encarar a nudez e a falência dos pais no que diz respeito a suas vulnerabilidades, e assim a Recusa os protege de ver o que está tão evidente.

Entre os Breves, a triangulação edípica está pervertida, pois a filiação não dá espaço ao desejo. Essa realidade é insuportável para Tonho, e qualquer escolha produziria consequências dramáticas: se o parricídio levaria à quebra do espelho narcísico, atender aos anseios parentais lhe custaria a vida. Embora diversos personagens façam apelos a Tonho para que se desgarre dessa sentença de morte, ele não vislumbra outra saída. Por meio da Recusa, ele fecha os olhos aos votos de morte que atravessam sua relação com o pai. Para aceder a uma saída exogâmica e fazer um destino para si mesmo, seria preciso aceitar que as dívidas em relação a progenitores e ancestrais nunca serão pagas, mas que é possível desenvolver a gratidão pelo dom da vida. Como afirma Kancyper (2018), "o pai morto se torna credor, e o filho devedor de uma dívida básica que jamais saldará em sua totalidade, já que constitui uma função estruturante para o sujeito" (p. 93).

Assim como Édipo, que se inflige a cegueira ao descobrir que cometeu incesto e parricídio, a prisão interna de Tonho nos faz pensar que o difícil de ver não é o que está no mundo lá fora, mas o que nos habita desde dentro: nosso ódio, nossos desejos e nossas culpas, nossos impulsos assassinos, cruéis e apaixonados.

Do amor pelo poder ao poder do amor

Como vimos, o pai dos Breves é o agente perpetuador de um movimento mortífero, que se opõe aos processos de transformação. Agora, abordaremos o poder de ligação de Eros, que desperta o psiquismo e engendra outro movimento de repetição, o do princípio do prazer e da renovação da busca por objetos.

A condição psíquica do menino sem nome é quase a de um natimorto, ou seja, está embebido de pulsão de morte e não está destinado a ter uma vida. Ferenczi (1929/1992a) aborda essa questão no texto "A criança mal acolhida e sua pulsão de morte", ao afirmar que, quando uma criança não é bem-vinda ao mundo, a pulsão de morte a domina, porque não há um investimento amoroso capaz de retirá-la desse estado tão próximo do não ser – o ainda não existir, prévio ao nascimento. O autor propõe que as crianças mal acolhidas estão mais sujeitas ao desintrincamento das pulsões de vida e de morte, como observamos na figura do menino sem nome.

No entanto, a clínica mostra que é possível acordar alguma parte do psiquismo traumatizado que se manteve clivada, congelada e hibernando para se proteger, parte que pode ser reativada com o calor de Eros. Quando se pode contar com o objeto para superar a experiência de violência, é possível *liquidar* o trauma (Ferenczi, 1931/1992b). No filme, Menino abocanha esse anzol que vem eva-lo.

Se no seio familiar ele era apenas mais um braço para trabalhar, houve um casal que o olhou como criança: os circenses. O simples fato de o interpelarem buscando informações sobre o caminho já produziu uma fagulha de excitação, e Menino se viu como alguém importante, que tem algo a oferecer. "Eu ensinei pra eles!", exclama para seu irmão. Os circenses lhe oferecem outra imagem de si mesmo, com a qual pode se identificar. Então, a criança sem nome recebe gotas de Eros e, de presente, um livro cheio de figuras e cores, de modo que o vínculo com os circenses é atravessado pelo encantamento e pelo desejo de saber. Em oposição à cegueira familiar, abre-se o mundo do conhecimento e da imaginação.

Assim como um menino pequeno diz que vai se casar com sua mãe, Menino imediatamente se deslumbra com Clarinha, a moça do circo, que se torna a sereia de seus devaneios infantis. O outro circense é Salustiano, padrinho dela, que batiza o menino sem nome – chamando-o de Pacu – e assim o apadrinha também. A triangulação edípica parece se desenhar quando o menino interroga: "Tonho, tu acha que ela se deita mais o homem?", dando margem às fantasias da sexualidade infantil. Gradualmente, o menino sem lugar é enredado pelo mundo dos afetos e do prazer.

A sedução é o motor que impulsiona a produção psíquica de Pacu em uma direção que parece nunca ter existido em Riacho das Almas, criando o espaço da brincadeira, dos sonhos, dos anseios heroicos e do amor apaixonado. Esse é o contraste entre a família Breves, que cultuava o poder da vingança, e o circo, que traz o poder do amor. A voz da sereia vem dizer que o futuro dos irmãos Breves pode mudar, em oposição ao destino sentenciado de morrer como bichos. Eis o poder de transformação do encontro de um menino com uma sereia: o contágio foi se alastrando em uma rede de conexões entre Clarinha, Salustiano, Tonho, Menino e até a mãe dos Breves, que ousou desejar o fim dessa tradição sangrenta. De repente, os movimentos são engendrados por uma força que sopra de outros ventos e que recupera a excitação prazerosa do encontro com o novo.

Numa cena importante, assistimos a uma brincadeira que permite a articulação entre Eros e Tânatos a favor da vida: brincando no balanço, Tonho propõe ao irmão que invertam as posições. Se antes era o mais velho que balançava a criança, agora é o caçula que insufla a vida. Empurrado por Menino, Tonho ganha um impulso tão forte que cai do balanço e é lançado ao chão. Ele se aproveita da situação para brincar com o fantasma que pairava no ar e, assim, se finge de morto. Quando se revela vivo, a risada estoura no rosto do irmão, e mesmo no da mãe, mas o pai dos Breves não sabe integrar essa experiência, que não compreende. Ele esboça um esgar, mas sua reação causa mal-estar: não cai bem que o pai ria da morte de Tonho, quando foi ele quem o condenou a esse destino. Ou será que o rosto do pai se contorce num alívio, porque Tonho *ainda* estava vivo e, portanto, as engrenagens de sua ansiada vingança não foram abaladas? Ora, no pacto entre os Breves e os Ferreira, só se pode morrer com hora marcada, quando a camisa amarelar, e não por acidente, doença ou imprevisto.

A turbulência que se instala em Riacho das Almas não é bem-vinda pelo patriarca dos Breves, que combate os novos brotos de pensamento. Ele cala a voz do menino com um tapa e tira o livro de suas mãos. Esse homem é alérgico ao toque de Eros, cujo potencial de transformação ameaça sua soberania como pai e sua tão almejada vingança, que é o último fio que o mantém ligado à vida. Como propõe Kancyper (2018), a vingança é uma tentativa desesperada de se manter conectado aos objetos primários, e sem isso o sujeito se encontra à beira do abismo. Portanto, é uma questão de sobrevivência.

Apesar das resistências às mudanças, Menino reanima um aspecto cindido do psiquismo familiar e pode fraturar essa organização psíquica patológica. Como dito antes, ele representa o inominável e o impensável da família Breves, aquilo que devia ser calado e combatido. Finalmente, ele possibilita a travessia que, segundo Kancyper (2018), rompe o ciclo do ressentimento interminável: do amor pelo poder ao poder do amor.

A morte de uma criança: uma tragédia redentora

O final do filme *Abril despedaçado* é trágico como a vida. Quando amarela a camisa de sangue dos Ferreira, Tonho retorna à casa do pai após passar alguns dias acompanhando o circo. Nessa noite, chove no sertão, e o caçula da família Breves fica maravilhado com as promessas que a água traz. Ele observa que Clarinha e Tonho tiveram um encontro romântico e fica embevecido com o deslumbre da chuva de Eros que cai sobre essas almas sedentas. Entusiasmado com a possibilidade de transformação, o menino brinca de ser o irmão, veste seu chapéu e amarra em seu braço a faixa preta que marcava Tonho como um homem condenado à morte. Em uma caminhada imaginária rumo ao mar e à sereia, Menino é morto por um tiro, fruto de um engano, daqueles que são sem querer querendo. No meio da chuva, o filho dos Ferreira, que veio matar Tonho, perde seus óculos, mas ainda assim atira. Ele tinha que matar alguém, fosse quem fosse.

A morte impactante de Menino nos leva a pensar sobre a dupla atitude que atravessa sua brincadeira de se fantasiar de Tonho: a identificação com o condenado à morte, mas também com o herói que conquistou a sereia. Será que Menino tinha clareza das possíveis consequências de seus atos? Estaria escolhendo se sacrificar no lugar do irmão? Ou teria sido um momento de ingenuidade infantil?

Com seu canto de sereia, Clarinha chamara o menino do sertão para uma vida colorida, que contrastava com o trauma transgeracional que o atravessava. Entretanto, para viver não basta o encantamento da sereia; é preciso aprender a nadar entre as correntezas das pulsões de vida e de morte. Se o poder de Eros é vital para o surgimento da vida psíquica, também é preciso suporte e ferramentas para figurar, representar, represar e interpretar esse afluxo de excitação; caso contrário, ele pode se tornar traumático. No caso de Menino, a relação entre Eros e Tânatos se desenrolava num campo onde não havia pontes de conexão e intermediação, onde as palavras eram escassas, as reações eram imediatas e não havia espaço para pensar.[4]

O anseio faminto por alimento psíquico parece estar encarnado no nome que o menino recebeu de Salustiano: Pacu, que em tupi-guarani significa "comer desperto" (Pacu, s.d.), sendo o nome dado a um peixe voraz. Mas a transformação desse menino morto em um peixe vivo é atravessada por um conflito de forças que parecem irreconciliáveis: enquanto os circenses restauram a capacidade de sonhar,

4 No sentido que Bion confere ao pensar, que não diz respeito apenas ao aspecto cognitivo, mas à capacidade de processar as experiências afetivas. Em sua dissertação de mestrado, Cavalcante (2018) aborda com precisão a construção e a evolução da teoria do pensar de Bion.

a violência familiar vai se tornando insuportável. Assim, os pesadelos continuam a atormentar essa criança, porta-voz do mal-estar familiar.

Por meio das histórias que Menino tenta contar e recordar, ele se esforça para dar imagem, nome e representação a essas experiências novas tão excitantes. Ele formula seu conflito psíquico quando diz que a sereia não tem pernas para viver com ele. Entretanto, conforme aumenta a tensão em torno do destino de Tonho, Menino é tomado por um estado confusional, pois a intensidade dos afetos transborda, como em sua narrativa durante a caminhada fatal: "Agora, tu já sabe a minha história. Mas eu continuo sem me alembrá da outra. Sereia, os navio e... Diacho! O menino vevauscá sereia... Não, não era isso. Carai!".

Menino estava animado e agitado pela pulsionalidade da vida, mas eram insuficientes seus recursos psíquicos e o suporte emocional para representar e lidar com essas experiências. Em circunstâncias em que o aparelho psíquico vive uma sobrecarga perigosa, a Recusa se interpõe como defesa antitraumática, causando um curto-circuito a fim de evitar a queima dos fusíveis. Quando o conflito psíquico se torna insustentável, a Recusa pretende descosturar o nó por meio da formação de duas correntes psíquicas antagônicas e simultâneas, mas ao preço da cisão do eu (Freud, 1940[1938]/2018). Assim, são duas versões da realidade que passam a duelar, perturbando o teste de realidade. Por essa perspectiva, podemos considerar que, em sua caminhada final, Menino está dividido entre a impotência e a onipotência infantis, entre a tentativa de dar sentido e a Recusa da realidade.

Sobre essa Recusa, é importante refletir a respeito de sua função defensiva. Winnicott (1971/1975) enfatiza que a suspensão do teste de realidade faz parte dos fenômenos transicionais: a simbolização se desenvolve nesse espaço de conexão e distinção entre fantasia e realidade. Em Riacho das Almas, porém, não há pontes entre esses dois mundos fraturados. Um ambiente patogênico como esse favorece a ação da Recusa, em que a dupla atitude perante a realidade é um extravio da transicionalidade.

Nesse jogo de dormir acordado, o menino tenta elaborar o que vive, mesmo tendo sua capacidade de pensar atacada pelos pais. No circo, no faz de conta, nas narrativas e nos contos fantásticos, é possível brincar com o fogo e com o vento. Mas no contexto em que essa criança foi plantada, é perigoso fechar os olhos, sonhar e brincar. A morte de Menino também nos indaga sobre as mortes trágicas das crianças, sejam elas físicas ou psíquicas: há algo na função dos adultos (ou da cultura) que falhou? Embora Menino não tenha morrido em vão, na medida em que deixou uma marca impactante nos que ficaram, ele foi usado como um cordeiro em sacrifício. Sua morte foi desorganizadora de um campo fantasmagórico asfixiante, uma vez que nada da equação prevista pelos patriarcas se realizou como deveria. Esse imprevisto abalou as certezas de todos e introduziu a realidade de um elemento impensável, literalmente, pois ninguém nunca pensou que esse menino pudesse morrer, nem viver.

Esse acontecimento traz uma infinidade de possibilidades, na medida em que quebra uma organização patológica. Poderia trazer a liberdade? Para o bem dos Ferreira, que não precisariam mais mandar os filhos para o sacrifício? Para o bem de sua mãe, que poderia sair de seu estado permanente de catatonia? Quem sabe o menino tenha virado uma figura mítica, daquelas que revolucionam com suas perguntas e que priorizam a vida ao ódio nutrido pelo ressentimento. Ou ainda, ele pode ter virado um totem, que instala o tabu sobre a vingança assassina.

Tonho, por sua vez, traça um caminho que desmente a profecia anunciada sobre seu destino: "Já conheceu o amor? Nem vai conhecer", diz o patriarca dos Ferreira, ao firmar o horário de sua morte. Mas ele conhece o amor e a violência. Contudo, não sabemos de que modo ele se apropria dessas experiências, ou seja, não sabemos aonde o caminho da bifurcação evalevá-lo, nem o que ele vai levar consigo. Culpa? Esperança? Amor? Ódio? O mesmo acontece no processo de análise: o paciente se aproxima de sua realidade psíquica, porém é imprevisível o que ele escolherá fazer com suas descobertas. Na cena final do filme, vemos Tonho fitando o mar revolto, que, assim como a vida pulsional, não traz a paz de uma calmaria; muito pelo contrário, nos impacta pela força que move uma imensidão e que remete ao infinito – ao infinito que é o inconsciente.

Referências

Cavalcante, R. A. (2018). *Luz* e *escuridão*: *presenças de Freud e Klein em* O aprender com a experiência *de Bion* [Dissertação de mestrado]. Pontifícia Universidade Católica de São Paulo, São Paulo.

Chreim, V. (2021). *Dimensões da Recusa*. Blucher.

Ferenczi, S. (1992a). A criança mal acolhida e sua pulsão de morte. In S. Ferenczi, *Psicanálise IV*. Martins Fontes. (Texto original publicado em 1929).

Ferenczi, S. (1992b). Análise de crianças com adultos. In S. Ferenczi, *Psicanálise IV*. Martins Fontes. (Texto original publicado em 1931)

Figueiredo, L. C. (2008). *Psicanálise: elementos para a clínica contemporânea*. Escuta.

Figueiredo, L. C. (2018). *A psicanálise: caminhos no mundo em transformação*. Escuta.

Freud, S. (2010a). Introdução ao narcisismo. In S. Freud, *Obras Completas* (Vol. 12, pp. 13-50). Companhia das Letras. (Texto original publicado em 1914)

Freud, S. (2010b). Luto e melancolia. In S. Freud, *Obras Completas* (Vol. 12, pp.170-194). Companhia das Letras. (Texto original publicado em 1917)

Freud, S. (2010c). Além do princípio do prazer. In S. Freud, *Obras Completas* (Vol. 14, pp. 161-239). Companhia das Letras. (Texto original publicado em 1920)

Freud, S. (2014). O fetichismo. In S. Freud, *Obras Completas* (Vol. 17, pp. 302-310). Companhia das Letras. (Texto original publicado em 1927)

Freud, S. (2018). A cisão do eu nos processos de defesa. In S. Freud, *Obras Completas* (Vol. 12, pp. 345-350). Companhia das Letras. (Texto original publicado em 1940[1938])

Kancyper, L. (2018). *Ressentimento terminável e interminável*. Blucher.

Pacu. (s.d.). In *Dicionário ilustrado tupi-guarani*. https://www.livrosdigitais.org.br/exportar_pdf/3055992ZA2CK5V.

Salles, W. (Diretor). (2001). *Abril despedaçado* [Filme]. Lumière Pictures.

Winnicott, D. W. (1975). Objetos transicionais e fenômenos transicionais. In D. W. Winnicott, O *brincar* e a *realidade* (pp. 13-44). Imago. (Texto original publicado em 1971)

Winnicott, D. W. (1990). *Natureza humana*. Imago.

Winnicott, D. W. (1994). O medo do colapso (*breakdown*). In D. W. Winnicott, *Explorações psicanalíticas*. Artmed. (Texto original publicado em 1963)

10. A defesa maníaca: uma dimensão da Recusa[1]

Aline Choueke Turnowski

Melanie Klein foi uma teórica da psicanálise bastante controversa em seu tempo. Suas contribuições sobre fantasia inconsciente, complexo de Édipo e Superego arcaicos, inveja, entre outras, causaram inúmeros debates no meio psicanalítico de sua época (e causam até hoje). Trazendo inovações à teoria freudiana, a autora foi acusada pelos colegas mais ortodoxos de não ser psicanalítica, sendo duramente questionada. A sua teoria das posições deixou as mais profundas contribuições na psicanálise pós-freudiana, tornando-se a parte mais conhecida de sua obra.

De acordo com Spillius (1924/2007), a inovação na teoria kleiniana consiste "na delineação de dois conjuntos de ansiedades, defesas e relações de objeto que Klein denomina de 'posição esquizoparanóide' e de 'posição depressiva'" (p. 107). As posições diferem de fases ou estágios no desenvolvimento por não serem nítidas, e sim sobrepostas, permanecendo uma oscilação entre elas ao longo da vida.

1 Quanto aos aspectos éticos deste capítulo, as vinhetas clínicas utilizadas advêm da experiência clínica da autora e são de sua própria responsabilidade. Tais situações foram combinadas entre si de forma a não prejudicar o raciocínio clínico proposto, embora tenham sido devidamente modificadas e protegidas em relação ao sigilo, sem nenhuma possibilidade de individualização e de identificação.

Em 1935, a autora escreveu o texto "Uma contribuição à psicogênese dos estados maníaco-depressivos" (Klein, 1935/2023a), que foi um grande marco em sua teoria. Nele começou a apresentar as ideias que já vinha desenvolvendo sobre a existência de posições não estanques no desenvolvimento psíquico do bebê, e o fato de que estas não seriam abandonadas ao longo de toda a vida do sujeito. Nesse trabalho ela compilou as descobertas teóricas que havia feito ao longo dos últimos anos em seus estudos e suas observações na análise de crianças e de pacientes psicóticos.

Segundo Klein, a primeira posição pela qual o bebê passa tem início ao nascimento: é a posição esquizoparanoide, cuja ansiedade é de medo do aniquilamento, utilizando como defesa basicamente a identificação projetiva e estabelecendo relação com objetos parciais. Mas Klein começou a teorização pela segunda posição, a depressiva.

O texto citado apresenta uma quantidade enorme de novas ideias, entre as quais a original teoria do desenvolvimento precoce e a sua concepção da origem da doença maníaco-depressiva. A autora discorre sobre todas as características da posição depressiva: angústia pela perda do objeto amado, relação com objetos inteiros e uso da reparação como mecanismo de defesa. O que interessa neste capítulo é o surgimento da doença maníaco-depressiva, decorrente da mobilização de defesas maníacas na posição depressiva, e sua relação com o conceito de Recusa. Aqui será feita uma articulação entre a Recusa na defesa maníaca e um caso clínico atendido em consultório.

No texto de 1935, falando sobre o paranoico, Klein diz que "o sofrimento ligado à posição depressiva o joga de volta à posição paranoica" (p. 344), referindo-se ao sujeito que padece do adoecimento maníaco-depressivo. De acordo com a autora, um dos sofrimentos é decorrente da compreensão de que os objetos bons e maus não são distintos, mas o mesmo objeto possui as duas qualidades simultaneamente: bondade e maldade. Então, há a sensação de perda de um objeto que é extremamente bom e a conclusão de que não é mais possível atacar e destruir o objeto mau, pois o bom seria destruído junto. Na referência a objetos, é fundamental ter em mente o conceito de objeto interno na teoria kleiniana. De acordo com Hinshelwood (1991):

> *Este termo denota a experiência ou fantasia inconsciente de um objeto concreto fisicamente localizado no interior do Ego (corpo), que possui seus próprios motivos e intenções para com o Ego e outros objetos . . . A experiência do objeto interno é profundamente dependente da experiência que se tem do objeto externo, e os objetos internos são, por assim dizer, espelhos da realidade. (p. 82)*

Durante a travessia da posição depressiva, o bebê vai fazer uma integração entre os objetos internos que eram concebidos como desintegrados anteriormente, na posição esquizoparanoide. Antes da posição depressiva, há uma impossibilidade de o bebê lidar com os objetos como sendo inteiros; o objeto ou é extremamente bom, ou extremamente mau, permanecendo cindido dentro do Ego até que seja possível a integração. A cisão entre bom e mau também ocorre no próprio Ego durante a vivência da posição esquizoparanoide.

Essa integração da posição depressiva gera pesar e culpa pelos ataques feitos em fantasia ao objeto, pois o objeto odiado atacado e destruído agora é o mesmo que cuida e é necessário à sobrevivência do bebê. Klein indica que há sofrimento também pela perda do objeto idealizado, que seria um objeto extremamente benevolente, resultado da cisão da posição esquizoparanoide.

Ainda no texto de 1935, ao falar da mania, Klein cita Helene Deutsch, que afirma que o sentimento de onipotência presente na doença se baseia no mecanismo da Recusa. De acordo com Laplanche e Pontalis (1967/2001), a Recusa é um "modo de defesa que consiste numa recusa por parte do sujeito em reconhecer a realidade de uma percepção traumatizante, essencialmente a da ausência de pênis na mulher. Este mecanismo é evocado por Freud em particular para explicar o fetichismo e as psicoses" (p. 436).

Porém, diferentemente do que pensam Deutsch e Freud, que localizam essa Recusa na fase fálica, Klein crê que a Recusa tem origem nos primórdios da vida psíquica, quando existe angústia gerada pelo medo dos perseguidores internos. Essa angústia faz com que haja uma Recusa da realidade psíquica, o que pode levar o Ego a distorcer sua relação com parte da realidade externa.

Para se defender das angústias da posição depressiva, o sujeito pode mobilizar defesas obsessivas ou maníacas. Segundo a teoria kleiniana, isso pode ocorrer em qualquer momento da vida, uma vez que as posições esquizoparanoide e depressiva nunca são completamente superadas. Ao se deparar com alguma situação que remeta às angústias vivenciadas quando bebê, a pessoa pode mobilizar o mesmo tipo de defesa utilizada nos primórdios do psiquismo. Klein (1935/2023a) afirma que o bebê tem distintas possibilidades de defesa diante de angústias geradas pela posição depressiva. Uma delas é a defesa maníaca, que traz uma ideia onipotente de que as relações de objetos são descartáveis, fazendo com que o Ego busque fugir da sensação de dependência destes.

Para Klein:

> *a fonte do conflito está no fato de o ego não querer – nem poder – abandonar os objetos bons internalizados, ao mesmo tempo que procura fugir do perigo de depender deles e escapar dos objetos maus. Sua tentativa de se libertar de um objeto sem abandoná-lo completamente parece ser condicionada por um aumento da força do próprio ego. Ele consegue esse acordo ao recusar a importância dos objetos bons, juntamente com os perigos a que estes se veem submetidos pelos objetos maus e o id. Em simultâneo, ele procura incessantemente dominar e controlar todos os seus objetos. (p. 351)*

A defesa maníaca faz parte dos estados de mania e hipomania do adulto e, em alguma medida, está presente em todos nós. Ela tem como característica fundamental a onipotência, que sustenta a Recusa da realidade, principalmente a psíquica. Faz também com que haja uma depreciação dos objetos bons internos pela dificuldade em renunciar a eles; então é mais fácil diminuir a sua importância. Ao mesmo tempo há uma tentativa incessante de controlar o objeto para evitar sentir medo dele. "Estas defesas protegem o sujeito de experienciar as penosas consequências da dependência em objetos bons e amados e as consequências igualmente penosas de tal dependência" (Hinshelwood, 1991, p. 291).

De acordo com Chreim (2021), a Recusa pode ser compreendida como um mecanismo de defesa e não como uma categoria diagnóstica. Isso leva à reflexão de que o Ego utiliza esse mecanismo para se defender do luto pela perda de seus objetos, que passam a ser objetos sobre os quais o indivíduo triunfa e não são mais sentidos como necessários, em fantasia. Este psiquismo em modo de defesa produz uma hiperatividade que permite a Recusa da importância dos objetos bons, enquanto procura dominar e controlar o objeto, por meio de um sentimento de onipotência. Segundo Klein (1935/2023a):

> *Ao dominar seus objetos, o maníaco imagina que conseguirá impedi-los não só de ferirem a si mesmo, mas também de serem um perigo uns para os outros. Esse domínio permitiria principalmente evitar a relação sexual perigosa dos pais internalizados e sua morte dentro do sujeito. (p. 351)*

No texto "O luto e sua relação com os estados maníaco-depressivos", Melanie Klein (1940/2023b) elabora melhor a teoria que havia trazido no texto de 1935. Nele a autora fala da importância da Recusa para o desenvolvimento psíquico:

> *A idealização é uma parte essencial da posição maníaca e está ligada a outro elemento importante dessa posição:*

> *a recusa. Sem uma recusa parcial e temporária da realidade psíquica, o ego não consegue suportar o desastre pelo que se sente ameaçado quando a posição depressiva está no auge. A onipotência, a recusa e a idealização, intimamente ligadas à ambivalência, permitem que o ego primitivo se levante até certo ponto contra seus perseguidores internos e contra uma dependência submissa e perigosa em relação aos objetos amados, o que traz novos avanços em seu desenvolvimento. (p. 432)*

Para a autora, a Recusa na defesa maníaca faz com que o Ego possa suportar a angústia frente às ameaças de perdas da posição depressiva. Diferentemente da posição esquizoparanoide, agora há uma intensa vivência de luto pelas perdas. A defesa maníaca faz com que haja por parte do indivíduo um desprezo para com seus objetos, aqueles sobre os quais é necessário triunfar para fugir da angústia.

A reparação, para Klein, é um movimento cuidadoso e amoroso realizado pelo psiquismo com os objetos que foram por ele atacados e danificados em fantasia. Há piedade e remorso pelos ataques quando é tolerada a angústia da posição depressiva. A autora observou nas crianças a que atendia que, quando havia um progresso na análise, estas começavam a apresentar movimentos construtivos onde anteriormente havia movimentos destrutivos em direção ao objeto.

Para Klein, existem três formas possíveis de reparação: a maníaca, a obsessiva e a amorosa. A descrita a pouco é a amorosa. A reparação obsessiva seria uma repetição compulsiva de ações que tentam anular o mal realizado em fantasia. (Hinshelwood, 1991) Já a reparação maníaca, que é a que ocorre junto à defesa maníaca, "traz em si uma nota de triunfo, de vez que se baseia em uma inversão da relação criança-genitor que é humilhante para os pais" (Hinshelwood, 1991, p. 456). Esses pais internalizados, objetos sentidos como bons, são alvo de triunfo na reparação maníaca para que a perda destes não seja vivenciada como perigosa para o Ego. Assim, é mais seguro tê-los humilhados e sem valor do que como objetos importantes que podem ser perdidos.

De acordo com Chreim (2021):

> *O movimento maníaco de reparação onipotente se encarrega de iludir o sujeito quanto à possibilidade de ressuscitar objetos que já estão mortos, e a defesa o distrai procurando vida nos objetos externos de modo voraz. Esse processo defensivo opera de modo similar à alucinação, em que o psiquismo é entorpecido com estímulos excessivos que criam a ilusão de que tudo está bem. (p. 276)*

Assim, o Ego realiza essa busca voraz e gulosa por objetos do mundo externo tentando aplacar de forma onipotente a sua falta. Há então um movimento excessivo de busca por estímulos que pode se manifestar por meio de sexualidade, drogas, compras ou outras adicções, o que permite a Recusa dos prejuízos e dos perigos físicos ou egoicos.

Petot (1982/2004), um profundo estudioso da obra de Klein, aponta a existência de uma Recusa maníaca que se origina na posição paranoide, à qual o sujeito é remetido diante da angústia e do luto:

> *Diferentemente daquela observada nas psicoses dissociativas, que conduz ao ensimesmamento e ao apragmatismo, a recusa maníaca acompanha-se de hiperatividade e da manutenção da relação com o objeto e com o mundo exterior. É que a realidade psíquica contra a qual a recusa atua é mais evoluída que a da posição paranoide. (p. 18)*

Na clínica com adultos, pode-se observar a defesa maníaca acontecendo quando surge minimização e desdém ao objeto. A relação com os objetos é mantida, mas a Recusa da importância destes leva a uma onipotência: surge uma voracidade em direção ao objeto, e ao mesmo tempo um temor de destruí-lo. Acionando a Recusa, não há contato com a culpa, e o Ego pode alimentar sua avidez ao mesmo tempo que não sente as angústias que corresponderiam à perda do objeto advinda de sua própria voracidade. "Na *defesa maníaca*, a Recusa permite (temporariamente) que o paciente não entre em contato com a realidade psíquica de um mundo interno cheio de objetos destruídos e irreparáveis" (Chreim, 2021, p. 276).

Ao longo da elaboração da posição depressiva, o bebê vai percebendo sua capacidade de amar e fazer reparações, criando confiança nos bons objetos que não são mais idealizados. Assim, pode diminuir suas defesas, amenizando a onipotência e consequentemente tudo o que é relacionado à defesa maníaca. Dessa forma também ocorre a mania no adulto: quando ele vivencia alguma angústia de perda e luto, é jogado de volta ao modo de funcionamento da posição depressiva, reativando angústias paranoides nessa posição.

Para ilustrar e pensar a defesa maníaca e sua relação com a Recusa, trago uma vinheta de minha experiência clínica, na qual pude observar manifestações da defesa maníaca em uma paciente para livrar-se da angústia ao perceber que seu objeto interno não era tão bom, e que talvez precisasse silenciá-lo dentro de si.

Claudia é uma paciente que está em atendimento há aproximadamente quatro anos. No início da análise, estava terminando um namoro e iniciando outro. O segundo foi um namoro conturbado, com brigas, solidão e um tanto de violência. Era um homem extremamente parecido com seu pai: autoritário e truculento. Após o término com esse namorado, ela entrou em aplicativos de relacionamento e teve muitos encontros, com muitas relações sexuais, o que me levou a cogitar que a paciente estivesse utilizando defesas maníacas.

Na grande maioria das vezes, Claudia acreditava que tinha encontrado um homem com quem gostaria de se relacionar e fazia o movimento repetitivo de se adaptar: começava a tentativa de fazer o papel da "mulher perfeita", buscando sempre ser aquilo que ela acreditava que a faria ser amada. Aceitava comportamentos inadequados, se deslocava pela cidade para onde fosse chamada, se colocava em risco de contrair infecções sexualmente transmissíveis, concordava com "relacionamento aberto", e até se relacionou com alguém extremamente conservador e religioso.

Era um modo de agir voraz, excessivo e que a punha em risco, tanto física quanto emocionalmente. A cada repetição, Claudia vinha triunfante à sessão, contando como estava fazendo diferente dessa vez, acreditando que o homem em questão havia se submetido a ela. Os personagens, os contextos e as concessões eram diferentes, mas eu observava uma repetição do movimento: se adaptar ao parceiro para ser amada. Em contrapartida, havia em seu movimento um desprezo pelos homens, uma crença de que não se submeteria a eles, e uma sensação de triunfo sobre seu pai.

Como mencionado, o pai de Claudia era um homem extremamente autoritário e intolerante. Abandonada pela mãe, foi criada por ele, que, apesar de controlador, a deixou cuidando da própria vida desde muito cedo. Ao longo da análise fomos percebendo o quanto ela tinha receio de desagradar ao pai, por medo de ser deixada sozinha na vida. Então se comportava, obedecia, não contrariava. Isso perdurou inclusive após ela ter independência profissional e financeira. De menina a mulher, de dependente a uma profissional de sucesso, ela nunca contrariava o pai, pois sabia – por todas as situações que já havia visto – que ele rompia relações de forma muito violenta com quem discordasse dele. Acreditava que não sobreviveria caso isso ocorresse com ela.

A relação com os homens seguia o mesmo modelo. Fomos construindo, ao longo da análise, a percepção de que ela sobreviveria aos rompimentos, e de que talvez se sentisse cada vez mais "morta" ficando nesses relacionamentos. Aos poucos, conseguiu se desligar dessas relações ao perceber que suas adaptações a faziam infeliz. Mas foi a partir da possibilidade de mudar a relação com seu pai que algo se transformou mais radicalmente.

Claudia e o pai tiveram uma briga quando ela se negou a atender a uma solicitação dele. E aquilo que ela previa e mais temia se concretizou: seu pai deixou de falar com ela violentamente por ter sido contrariado pela primeira vez. A paciente sofreu muito, mas sobreviveu, para sua surpresa. Resistiu aos impulsos de ceder a ele, e as tentativas dela de restabelecer o contato não deram resultado pelo fato de Claudia não concordar com a imposição que ele tentava pôr em prática.

Na época do rompimento com o pai, um dos homens com quem havia se relacionado anteriormente voltou a fazer contato. No passado ela havia tentado se adaptar a ele, mas isso não havia sido suficiente para que ele quisesse levar o relacionamento adiante. Machucada pelo rompimento com o pai, Claudia se protegeu. Não quis ceder muito, deixou que ele fizesse movimentos em direção a ela, ao contrário do que sempre havia feito. Abriu espaço aos poucos para essa relação, diferentemente do escancaramento de si que costumava fazer. O namoro parece fluir de uma forma saudável, Claudia atenta ao que a incomoda e com abertura para conversar sobre isso com o companheiro.

O fato de ter sobrevivido ao silêncio do pai – o que lhe parecia inacreditável antes – fez com que a paciente pudesse se dar conta de que não precisava ter qualquer homem ocupando um lugar ao seu lado, nem precisava atender ao outro, ficando despojada de si para não perder o amor. Um amor no qual a pessoa precisa se esvaziar de si não é algo que valha a pena ser vivido.

Penso que, na época em que Claudia saiu com muitos homens, ela havia acionado uma defesa maníaca. Sabia em seu íntimo que precisava realizar o rompimento com seu pai, mas sentia que sua vida dependia desse objeto. Pai objeto interno idealizado, do qual ela sentia não poder abrir mão por medo da desorganização psíquica. Ao se dar conta de sua necessidade de afastamento, mobilizou a defesa maníaca na qual onipotentemente se sentia acima de qualquer perigo, triunfante. Assim pôde não mais sentir culpa pelo rompimento, uma vez que a defesa a fez se sentir superior aos outros.

Essa defesa maníaca, em face das angústias esquizoparanoides sobrepostas à posição depressiva, ocorreu devido ao medo e à culpa em razão da crença de que destruiria seus bons objetos ao se afastar do pai. Havia também o medo de não sobreviver ao ataque dos objetos mortos que ficariam, em fantasia, em seu Ego após esse afastamento. Não ter mais a presença desse homem severo em sua vida a fazia desconfiar de sua possibilidade de manter algum bom objeto vivo e de se manter viva.

Assim, operava em Claudia uma Recusa que lhe permitia não entrar em contato com sua ambivalência ante a verdadeira personalidade do pai e de todos os homens com quem se relacionou. De forma onipotente, houve uma Recusa dos riscos tanto físicos quanto emocionais aos quais se submeteu nos encontros sexuais.

A defesa maníaca da paciente para lidar com a dor do luto pela desidealização do objeto-pai extremamente bom que tinha internalizado parece com aquilo que traz Vanessa Chreim (2021) quando faz uma análise do filme *Blue Jasmine*, de Woody Allen (2013). A autora fala sobre a personagem Jasmine e sua relação com os homens que busca incessantemente pela vida para obter sustento financeiro, mas principalmente emocional. Um desvio da realidade interna dolorosamente insuportável.

> *A defesa maníaca da personagem é também uma manifestação da Recusa, que oculta o vazio de sua vida, e é por meio de soluções mágicas que ela procura evitar a realidade. Os homens na vida de Jasmine parecem ser como fetiches: aplacam uma angústia enorme de ela não ser ninguém e oferecem-lhe uma vida tão fascinante e sedutora que permite a ela desviar os olhos do buraco interno que a habita. (p. 216)*

Claudia procurava os homens para aplacar sua angústia e criar ilusão de potência. Mas ter sobrevivido ao rompimento com o pai idealizado e elaborado esse luto permitiu-lhe a relação com outros objetos de maneira mais saudável, não necessitando mais da defesa maníaca.

Alguns meses após a discussão com o pai, a paciente me contou que tinha voltado a conversar com ele por mensagem, mas de uma forma muito econômica, apenas o necessário ou o que pede a educação. Perguntei o motivo de ela voltar a falar, e ela respondeu: "Porque esse é o pai que eu tenho". Essa fala demonstra que Claudia pôde realizar a integração dos aspectos bons e maus do pai: agora ele é visto como alguém cruel e com defeitos e saiu do lugar idealizado de sustentação da vida. A paciente passou então a lidar com o pai possível, do qual ela não mais dependia.

Penso que Claudia só pôde realizar a desidealização do objeto-pai internalizado porque, ao longo da análise, o vínculo entre nós tornou possível a introjeção de um bom objeto. Não idealizado, mas suficientemente bom para que ela pudesse sentir que poderia viver sem depender de um único objeto de sustentação. Agora ela podia se manter viva e contar com seus próprios recursos egoicos para tanto. O analista tem essa possibilidade, de se tornar um objeto que traz segurança e faz investimento libidinal, e assim se coloca como uma nova possibilidade em relação aos objetos das primeiras relações; um objeto presente como poderiam ter sido os iniciais, mas não idealizado. Segundo Ribeiro (2023):

> *A relação com um objeto interno bom – proveniente das primeiras experiências de satisfação com a mãe – implica o fato de a pessoa se sentir ajudada, orientada por uma presença interna. Esta presença interna é o que favorecerá a superação de lutos. A pessoa poderá contar com uma companhia interna que lhe dá força e conforto em momentos de frustrações, rejeições, perdas etc. (p. 53)*

De acordo com Ribeiro, o analista pode ocupar transferencialmente este lugar das figuras introjetadas com falhas da primeira infância e reviver com o analisando experiências com as figuras iniciais. Penso que talvez eu tenha podido desempenhar para Claudia essa função de figuras iniciais da primeira infância, ajudando a reparar seu bom objeto e funcionando como ambiente no qual boas experiências são possíveis, o que trouxe a ela uma possibilidade de se ver como potente e capaz de existir sem depender de seu objeto idealizado.

> *Parece-me pertinente considerar a questão de que experiências boas externas podem diminuir a sensação de perigo no mundo sentida pelo paciente, até mesmo porque a experiência de análise não deixa de ser um novo ambiente. Um ambiente que, por ter o potencial de fazer o paciente reviver a história da sua relação com os objetos internos e externos, inclusive empregando os mesmos métodos com o analista que utilizou com os pais para se defender das ansiedades,*[2] *produzirá uma nova experiência, permitindo ao paciente testar sua realidade interna por meio da realidade externa. (Ribeiro, 2023, p. 113)*

É fundamental para a saída da defesa maníaca que se consiga admitir as perdas e assim fazer reparações, principalmente com os objetos internos presentes no Ego. Dessa forma o Ego pode passar a se proteger, ser cuidadoso e grato consigo mesmo, e como consequência disso poderá estabelecer relações saudáveis com os objetos reais do mundo externo. Todas as relações envolvem um grau de angústia, mas podem ser menos violentas, e o Ego mais forte não precisará recorrer à Recusa, à onipotência e ao triunfo.

---

2 A autora aqui utiliza o termo *ansiedades* com o mesmo sentido que o termo angústia é utilizado ao longo deste texto.

A partir da análise, Claudia conseguiu fortalecer seu Ego, internalizar um bom objeto em seu psiquismo e integrar os objetos internos e externos. A paciente pôde fazer reparações aos seus objetos internos e ao seu Ego e, dessa forma, interromper a repetição das defesas maníacas que a punham em risco. Como afirma Weiss (2020): "A compulsão à repetição só pode ser superada quando processos de reparação gradualmente emergem para reequilibrar e limitar o dano no mundo interno" (p. 1).

Referências

Allen, W. (Diretor). (2013). *Blue Jasmine* [Filme]. Sony Pictures Classics.

Chreim, V. (2021). *Dimensões da Recusa*. Blucher.

Hinshelwood, R. D. (1991). *Dicionário do pensamento kleiniano*. Artes Médicas.

Klein, M. (2023a). Uma contribuição à psicogênese dos estados maníaco-depressivos. In M. Klein, *Amor, culpa e reparação e outros ensaios*. Ubu. (Texto original publicado em 1935)

Klein, M. (2023b). O luto e sua relação com os estados maníaco-depressivos. In M. Klein, *Amor, culpa e reparação e outros ensaios*. Ubu. (Texto original publicado em 1940)

Laplanche, J., & Pontalis, J.-B. (2001). *Vocabulário de psicanálise*. Martins Fontes. (Texto original publicado em 1967)

Petot, J. M. (2004). *Melanie Klein II*. Perspectiva. (Texto original publicado em 1982)

Ribeiro, M. P. M. (2023). *História de uma análise: o objeto bom*. Blucher.

Spillius, E. B. (2007). *Uma visão da evolução clínica kleiniana: da antropologia à psicanálise*. Imago. (Texto original publicado em 1924)

Weiss, H. (2020). *Trauma, guilt and reparation: the path from impasse to development*. Routledge.

Sobre os autores

Adriana Meyer Gradin
Psicanalista, membro do Laboratório Interinstitucional de Estudos da Intersubjetividade e Psicanálise Contemporânea (LIPSIC – IPUSP/PUC-SP) e do Grupo Brasileiro de Pesquisas Sándor Ferenczi (GBPSF), docente do Centro de Estudos Psicanalíticos de São Paulo (CEP-SP). Doutora em Psicologia Clínica pela Pontifícia Universidade Católica de São Paulo (PUC-SP). Autora do livro *Corações Murchos. O tédio e a apatia na clínica psicanalítica* (Appris, 2020).

Aline Choueke Turnowski
Psicanalista, membro e docente do Departamento Formação em Psicanálise do Instituto Sedes Sapientiae, membro do LIPSIC – IPUSP/PUC-SP e do GBPSF. Psicóloga pela Universidade Presbiteriana Mackenzie e mestranda em Psicologia Clínica pela PUC-SP.

Andréa Acioly Maia Firmo
Psicóloga do Departamento de Psiquiatria da Universidade Federal de São Paulo (Unifesp). Graduada em Psicologia pela Universidade Federal do ceará (UFCE), mestre em Saúde Coletiva pela Universidade Estadual do Ceará (UECE) e doutora em Psicologia Clínica pela PUC-SP. Vice-coordenadora e supervisora do programa de apoio ao enlutado (PROALU/Unifesp) e membro do ambulatório de transtornos de personalidade na adolescência (PERSONE/Unifesp).

Arianne Angelelli
Psiquiatra pela Faculdade de medicina da Universidade de São Paulo (FMUSP), especialista em Psiquiatria da Infância e Adolescência pela Associação Brasileira de Psiquiatria. Membro do Núcleo de Saúde Mental da Sociedade de Pediatria de São Paulo e colaboradora do Programa de Saúde Mental da Mulher do Instituto de Psiquiatria do Hospital das Clínicas da (ProMulher/IPq-FMUSP). Docente do Instituto Geral de Psicanálise e Instituto Maternelle. Mestre em psicologia pela PUC-SP e membro do LIPSIC – IPUSP/PUC-SP.

Bruno Gueldini
Psicanalista, membro do LIPSIC – IPUSP/PUC-SP. Mestre em Psicologia Clínica pela PUC-SP.

Carolina Paixão de A. Pinheiro
Psicóloga e psicanalista, membro do LIPSIC – IPUSP/PUC-SP. Especialista em Clínica Psicanalítica pelo Instituto de Psiquiatria da Universidade Federal do Rio de Janiro (IPUB-UFRJ), mestre em Psicologia Clínica pela PUC-Rio, doutora em Psicologia Clínica pela PUC-SP. Autora do livro *O sonhar compartilhado em análise: rêverie e fotografia na escuta clínica* (Blucher, no prelo)

Celina Diaféria
Psicóloga e psicanalista, membro do LIPSIC – IPUSP/PUC-SP. Mestre e doutora em Psicologia Clínica pela PUC-SP, Bacharel em Letras pela USP. Autora de livros, traduções e artigos na interface da Psicanálise com as Artes e a Educação.

Claudia Rezende
Psicóloga e psicanalista, membro do LIPSIC – IPUSP/PUC-SP. Mestre em Psicologia Clínica pela PUC-SP e especialista em Psicologia Clínica com Crianças pela PUC-Rio.

Elisa Maria de Ulhôa Cintra
Psicanalista, membro e coordenadora do LIPSIC – IPUSP/PUC-SP. Professora do Programa de Pós-Graduação em Psicologia Clínica PUC-SP e da Faculdade de Ciências Humanas e da Saúde da PUC-SP. Autora de *Melanie Klein: estilo e pensamento* (Escuta, 2010), *A folha explica: Melanie Klein* (Publifolha, 2008). Organizadora e autora dos livros *Por que Klein* (Zagodoni, 2018) e *Por que Bollas?* (Zagodoni, 2024).

Ilana Safro Berenstein
Psicanalista, membro do LIPSIC – IPUSP/PUC-SP, do GBPSF e do Departamento Psicanálise do Instituto Sedes Sapientiae. Mestranda em Psicologia Clínica pela PUC-SP).

Katia Piroli
Psicóloga, psicanalista, membro filiado do Instituto de Psicanálise Durval Marcondes da Sociedade Brasileira de Psicanálise de São Paulo (SBPSP). Mestre em Psicologia Infantil pela Universidade de Guarulhos e em Psicanálise e Família pela Universidade São Marcos. Docente do curso de especialização do *Setting* – Estudos em Psicanálise.

Maíra Mamud Godoi

Psicóloga e psicanalista. Mestre pelo Instituto de Psicologia da USP (IPUSP). Doutora em Psicologia Clínica pela PUC-SP.

Milton Jeronimides

Psicanalista, membro do LIPSIC – IPUSP/PUC-SP. Mestre e doutorando em Psicologia Clínica pela PUC-SP. Bacharel em Psicologia pela FMU e em Engenharia pela PUC-Rio Pós-graduado em Ciências da Computação pela Manhattan College).

Pedro Sang

Psicanalista, membro filiado do Instituto Durval Marcondes da SPBSP. Mestre em Psicologia Clínica pela PUC-SP.

Ricardo Cavalcante

Psicanalista e sociólogo, aspirante a membro do Departamento de Psicanálise do Instituto Sedes Sapientiae. Mestre e doutor em Psicologia Clínica pela PUC-SP. Pesquisador do grupo Clínicas Sociais, Psicanálise e Filosofia da Unifesp (CNPq). Professor do curso Sujeitos da Psicanálise na PUC-SP.

Rodrigo Figueiredo Mello

Psicólogo e psicanalista. Mestre e doutorando em Psicologia Clínica pela PUC-SP.

Thais Siqueira

Psicóloga e psicanalista, membro do LIPSIC – IPUSP/PUC-SP e do grupo de trabalho Comunidade de Destino do Instituto Sedes Sapientiae e aspirante a membro do Departamento de Psicanálise do Instituto Sedes Sapientiae. Mestre e doutoranda em Psicologia Clínica pela PUC-SP. Autora do livro *Trauma: metapsicologia e clínica de Sigmund Freud* - Ed. Blucher (2024)

Vanessa Chreim

Psicanalista e Psicóloga, membro do Laboratório Interinstitucional de Estudos da Intersubjetividade e Psicanálise Contemporânea (LIPSIC – IPUSP/PUC-SP), do Grupo Brasileiro de Pesquisas Sándor Ferenczi (GBPSF) e do Departamento Formação em Psicanálise do Instituto Sedes Sapientiae. Doutoranda e mestre em Psicologia Clínica pela PUC-SP. Docente do Departamento Psicanálise com Crianças do Instituto Sedes Sapientiae. Autora do livro *Dimensões da Recusa* (Blucher, 2021).

GRÁFICA PAYM
Tel. [11] 4392-3344
paym@graficapaym.com.br